PATERNE BERRICHON

La Vie

de

Jean-Arthur Rimbaud

PARIS
SOCIÉTÉ DV MERCVRE DE FRANCE
XV, RVE DE L'ÉCHAVDÉ-SAINT-GERMAIN, XV

M DCCC XCVIII

LA VIE

DE

Jean-Arthur Rimbaud

DU MÊME AUTEUR :

Le Vin Maudit, Petits poèmes (Vanier édit.) 1 vol. .   3 fr.

PATERNE BERRICHON

La Vie
de
Jean-Arthur Rimbaud

PARIS
SOCIÉTÉ DV MERCVRE DE FRANCE
XV, RVE DE L'ÉCHAVDÉ-SAINT-GERMAIN, XV
M DCCC XCVII

Tous droits réservés

IL A ÉTÉ TIRÉ DE CET OUVRAGE :

Douze exemplaires sur papier de Hollande numérotés de 1 à 12.

JUSTIFICATION DU TIRAGE :

Droits de traduction et de reproduction réservés pour tous pays y compris la Suède et la Norvège.

AVANT-PROPOS

VERLAINE HÉROÏQUE

Paul Verlaine aura parcouru son temps et traversé notre société en révolté. Qui fut parmi ses intimes et reçut ses confidences doit, hautement, l'attester. Son œuvre n'est belle que parce que sa vie, en ce sens, fut admirable.

Du jour où ce poète eut pris conscience de sa beauté d'être et de la laideur du monde environnant ; du jour où sa hautaine intelligence eut acquis la pleine notion du droit à la liberté pour son cœur et ses gestes bien à lui, il fut génial. Car son âme est une des plus lumineuses et des plus complexes âmes à qui la faveur ait été dispensée de s'incorporer.

De même que l'originalité de son talent date des *Romances sans Paroles* ; de même —

puisque, de l'aveu unanime, sa poésie, toujours spontanée, est le reflet de sa vie — il faut bien dater la dignité vivante de Verlaine de l'époque où il conçut ces chants si doux et si orageux à la fois.

Au reste, selon lui-même, les *Fêtes Galantes* non plus que les *Poèmes Saturniens* ne sauraient compter dans son œuvre : n'étant, insistait-il, ces livres, autres et plus que jeux d'instruction publique à la mode, exercices de bon rhétoricien. La *Bonne Chanson* même, il ne la considérait guère autrement que l'expression stylée d'une cour de bachelier à une petite modiste.

Donc, c'est de 1871 que, vraiment, Paul Verlaine date ; d'aussitôt après la Commune, dont on sait qu'il fût, en qualité de chef de bureau de la Presse. Il avait dû de remplir ces redoutables fonctions à l'amitié de Raoul Rigault, d'Eugène Vermesch et, je crois, d'Edmond Lepelletier : les uns et les autres connus de déjà longtemps, au collège, et pour lesquels, morts ou vivants, en dépit de tout, il conserva, sa vie durant, une sympathie. Marié depuis peu à cette « folle qui tourna pire », il venait d'entrer en connaissance personnelle de l'extirailleur de la révolution Arthur Rimbaud, ce pierrot gueux et terrible, ce gosse prodigieux, petit petzouille ardennais et l'ami de ce merveilleux J.-L. Forain qu'autour d'André Gill, alors et longtemps après, on ne connut guère que sous le sobriquet romantique de Gavroche. Et voici comme l'événement s'était produit :

Un matin, Verlaine reçoit un volumineux pli, qu'il décachète et où il trouve, outre l'aliment à son enthousiasme des vers sans pareils révélés plus tard dans les *Poètes Maudits*, une épître signée « Rimbaud » lui demandant opinion sur ces vers, et protection à l'égard de leur rimeur pauvre et désireux, au cas où il mériterait encouragement, de venir à Paris s'y produire. Le maître des *Fêtes Galantes* répond aussitôt au poète du *Bateau Ivre* un bravo frénétique, en l'invitant à ne pas trop tarder son départ pour ce Paris où il devra descendre chez lui, Verlaine, dont la maison ne peut ne pas être celle d'Arthur Rimbaud ! Madame Verlaine communiait alors avec son mari d'admirations : aussi, est-ce avec une joyeuse impatience qu'on attend l'ami. Enfin, un jour, il arrive, se nomme ; et madame Verlaine, en l'absence de l'époux, l'introduit, — grimaçante à la vue de ce poète guenilleux de seize ans, auquel, d'après ses poèmes, on en avait bien attribué au moins trente ! Verlaine rentré, lui-même, aussi s'étonne. Mais, bientôt épris du miracle, il l'installait à son foyer.

Le contact des façons d'être sans préjugés et des forces libres de l'esprit d'Arthur Rimbaud semble avoir décidé l'éclosion de la personnalité révoltée de l'auteur de *Parallèlement*.
La soif d'indépendance de Verlaine, dormante en des virtualités natives, n'aspira plus, dès cette liaison, qu'à se satisfaire.

Or, la crainte de poursuites relativement à sa participation à la Commune vint à point, qui l'obligea de gagner l'étranger en compagnie de son ami.
La Belgique et l'Angleterre furent le théâtre où l'exode épique et sans pair de ces deux poètes, pleins de fièvre et de hâte de vivre, s'accomplit. Ivres de liberté et des alcools bus aux estaminets comme aux tavernes, ils allaient, exaspérés et marchant avec des gestes de dieux, insoucieux des conventions humaines, courageux d'extravagances ; au-dessus du temps s'arborant tels, dans le temps ; heureux et honorés de rouler en ce que l'on nomme la Honte en ce qui est dit le Mal ; fiers de leur mépris de fait envers la Famille, la Propriété, la Morale et les autres Institutions !

C'est au cours de ces héroïques pérégrinations qu'ils rencontrèrent, à Londres, Eugène Vermesch, mis en quarantaine par la colonie des communards blanquistes réfugiés et qui mourait de faim pour n'avoir pas voulu embrasser la majoritaire et imbécile manière de voir de ceux-ci. L'auteur des *Incendiaires* fut fêté et secouru comme il seyait, en frère et simplement.

Ah! le foyer et toutes les petites histoires popotines du train-train citadin mécanique et dormeur, comme ils étaient loin du souci de Verlaine; et les vers donc, vers de devoir assumé; et les écritures, de débit patenté, sous Lemerre!... Il agissait maintenant la Poésie, une poésie suprême, cette poésie de *Sagesse*, de *Parallèlement*, de *Jadis et Naguère*, où les prétextes nouveaux du catholicisme et des légendes puisées aux lectures prisonnières ne réussiront à contenir le bouillonnement de sa rebellion masquée, adroitement, d'humilités et de remords. Plus excessif et désinvolte encore que son superbe compagnon, trimardeur-né, qui sait jusqu'à quelle altitude de logique beauté eût atteint sa vie, si la société, sous les espèces du devoir conjugal, filial et paternel, n'eût fait une démarche pour le reprendre?

Les deux amis étaient à Londres lorsque trois femmes, la mère, l'épouse et la belle-mère de Verlaine, écrivirent pour avertir celui-ci que, tout danger de poursuites étant écarté, elles se rendaient à Bruxelles où, Rimbaud abandonné, il pourrait les rejoindre pour ensuite, tout étant pardonné, réintégrer la vie familiale et honnête à Paris. Malheureuse coïncidence : Verlaine venait d'éprouver une contrariété de son camarade. Son impression du moment, comme toujours, triompha ; et il agit avec un excès tel, que Rimbaud se trouva lâché, sans le sou, dans une taverne, après une brève et scandaleuse discussion, et bien qu'au cours de cette discussion il eût remontré à son ami cruel son cas terrible de pénurie.

Certes — qu'on y réfléchisse — ce geste dur ne peut être imputé qu'aux mœurs sociales reprenant le pauvre Lélian à l'improviste. Et la preuve en est dans ceci que, aussitôt parti, remonté de conscience il adressait à Rimbaud des sous et un mot donnant rendez-vous à Bruxelles, en la maison même où la famille attendait.

Quand le rimeur nomade du *Bateau Ivre* entra dans la chambre d'hôtel où étaient réunis les Verlaine, l'auteur d'*Amour* se sentait une lassitude déjà des propos prudhommesques et des conseils dont on le tannait depuis la réunion. Son ami apparaissant, ce lui fut la vision de la liberté reconquise. Encore, il obéit exagérément à son impulsion. S'étant jeté dans les bras de Rimbaud, en un geste de triomphe sur les trois femmes, il clama le vœu de ne jamais plus quitter son congénère spirituel.

Toutefois, celui-ci, par un scrupule de pauvre et par crainte sans doute aussi de l'inconstance du poète des *Fêtes Galantes*, n'y acquiesçait, le repoussant et jurant que tout de leur liaison devait être à jamais rompu; affirmant, en outre, n'être venu à Bruxelles qu'avec l'espoir d'une aide pécuniaire, afin de pouvoir regagner son pays natal. Il se rangeait, en ce qui concernait Verlaine, de l'avis des femmes. Bref, même sans le sou, il partirait. C'est sur cela que Verlaine, fou de désespoir plus que de dépit, tira, d'un revolver, une balle sur son ami et l'atteignit au bras. Qu'on se représente la scène : cette mère, cette épouse consternée, la belle-mère épouvantée ; et, après le coup de feu, Verlaine en pleurs aux pieds de Rimbaud ensanglanté ! Peut-on imaginer quelque chose de plus étrangement tragique ?

Les événements, cependant, à ce point se fussent passés de dénouement judiciaire. L'affaire se serait étouffée d'elle-même. Mais ne voilà-t-il pas que de nouveau, au retour de l'hospice où Rimbaud avait été mené panser, Verlaine, en pleine rue, tire sur son ami parce que celui-ci voulait, quand même, s'en aller? Le scandale, cette fois éclaté en public, rien ne put faire qu'on n'en n'arrêtât l'auteur. Verlaine fut, on le sait, condamné de ce fait en deux ans d'emprisonnement.

De méchantes légendes ont fleuri monstrueusement sur la qualité d'affection unissant nos deux poètes, ces poètes dont l'œuvre eut une si saine influence sur les Lettres nouvelles. Il les faut défleurir ces légendes, car l'arbre de cette liaison fut chaste et ses rameaux d'amitié ne produisirent rien au delà d'une verdure de norme naturelle ; malgré que Verlaine, lui-même, en ait complaisamment, parfois, laissé entendre.

Oui, la laideur, pour le vulgaire, du faune des *Fêtes Galantes*, sa psychique flexueuse, féminine un peu et ambiguë comme, en vérité et de près, l'était son physique, ont pu autoriser la floraison de ces légendes ; son peu de succès auprès des femmes et son dépit spécial d'en demeurer incompris, son mépris même d'alors pour ce sexe, mépris complu d'affiche à l'instar et plus excessivement que Villiers de l'Isle-Adam, ont pu accréditer des bruits de sodomie. Cependant, en dépit de maints chants verlainiens, il n'y eut de cela, en fait, jamais rien ; et pas plus avec Rimbaud qu'avec Létinois ou tel autre. Simplement, il y avait ceci : que Verlaine fut un homme de commerce très aimable et puissamment aimant, et qui prétendait impérieusement à ce que jamais ceux qu'il avait élus ses amis ne se détournassent un instant de lui. L'amitié, en cet homme, prenait les proportions d'une passion, sans cesser d'être l'amitié ; et nombre de ses poèmes, vraiment, sont là pour le témoigner.

Sagesse en entier, la plupart des poèmes composant *Jadis et Naguère* et *Parallèlement* ont été écrits en la prison de Mons. L'intention initiale de leur auteur était de les publier réunis sous le titre de Cellulairement. De ce volume, ainsi préparé, le manuscrit existe, avec son appellation titulaire originelle. Il est à l'heure actuelle la propriété du peintre Félix Bouchor. Nous eûmes la bonne fortune de le lire un jour, tel quel, chez Verlaine, qui venait de se le faire restituer par Charles de Sivry, son beau-frère. Les pièces, toutes de nous déjà connues, y sont placées selon l'ordre d'inspiration, et non triées en pures ou chrétiennes (*Sagesse*), en passionnelles ou impures (*Parallèlement*), en païennes ou artistiques (*Jadis et Naguère*). Elles se succèdent dans une si douloureuse, vibrante, altière et intégrale humanité, que, le manuscrit fermé, nous fûmes pris d'une angoisse vertigineuse d'admiration et pleurâmes. Le schème de la figure du poète, du coup, se gravait profondément en nous ; ses traits, phosphorescents à jamais dans notre mémoire, étaient ceux de la révolte elle-même.

Les agenouillements de *Sagesse* revêtaient là leur signification intrinsèque et que *Parallèlement*, lu après, n'avait réussi à nous donner. Ah ! il était authentiquement un héros cet homme qui, pour châtier les fictions courantes dont il avait été victime, obligeait ces fictions à se soumettre aux perversités de son dilettantisme vengeur. « Tant que je fus obscur, noble de vie et tout droit — frissonnait cette poésie — vous m'avez blâmé, renié, méprisé. Pour n'avoir pas voulu de votre honneur, vous me tenez en prison. Et bien ! je le prends votre honneur, maintenant ; je le fais mien. Mais ce sera, anobli de mon fait, pour le salir ensuite. Je le trahirai en la personne de ceux des vôtres qui viendront m'offrir leurs hommages ; et, ce faisant, je demeurerai vrai, savez-vous ? Et je reviendrai à Bruxelles moquer la Loi, en ce palais même de Justice où vous me condamnâtes : et vous trouverez cela beau, et ce sera mon triomphe, le triomphe de l'homme absolu que je suis sur les mannequins que vous êtes ! »

Dix années ont séparé la publication des *Romances sans Paroles* de celle de *Sagesse*. Pour ce laps de temps, la vie désorientée de Verlaine, après la prison, s'écoula, une part, dans l'ombre, près de sa mère. Sa femme avait obtenu contre lui un jugement en séparation de corps et de biens, sévissant jusqu'à le priver de la vue de l'enfant né de ses œuvres.

En rébellion sourde contre l'ambiance reprocheuse et miné de rancœurs, tous ses regrets se concentraient sur Arthur Rimbaud, dont le souvenir impérieusement le hantait, — quand, un beau jour, le hasard lui apprend son ami vivant, en Allemagne, et précepteur des enfants d'un médecin ! Il y courut aussitôt, nécessairement ; après s'être muni de tout l'argent possible et ayant à Paris laissé tous impédiments familiaux et d'intérêt civil.

Pour surprendre agréablement son ancien camarade de pretentaine imaginé de manières invariées, Verlaine avait assumé le plus désastreux des costumes, une vestiture qui lui donnait l'aspect d'un brigand.

Mais Rimbaud, dans ses fonctions préceptorales régulier et bourgeoisement mis, l'accueillit mal, inimitieusement même; furieux qu'il ait ainsi osé, nonobstant le drame de Belgique, venir le relancer de façon compromettante en Allemagne. Aux instances bizarres de Verlaine, il finit par céder pour avoir la paix là, chez le docteur, mais tout en ruminant une vengeance qui, quelques heures plus tard, devait se consommer en la Forêt Noire.

Le Bateau Ivre s'était plus convenablement assagi que *Sagesse*. Celle-ci voulait revivre les héroïques pérégrinations, celui-là entendait demeurer rangé. Conflit. Rixe. Et Verlaine fut abandonné, mi-assommé, dans la forêt susdite.

En vain Pauvre Lélian, pardonneur infini, dès repris ses sens, implora-t-il son ami Rimbaud qui, se croyant pour les Lettres déshonoré à cause du scandale de Bruxelles, resta inflexible, résolu, du reste, qu'il était hélas! à tenter fortune dans l'Industrie.

D'assez étranges aventures, par la suite — Paris réintégré ainsi que le giron d'une incomparable affection maternelle — mirent la révolte de Verlaine en goût de paysannerie. Mourant du deuil de son ardent vagabondage d'antan, en haine toujours des « bonnes manières », il rêva d'être un petzouille. Une masure des Ardennes acquise des parents de Lucien Létinois, un de « ses morts », abrita un temps sa sauvagerie exquise. Mais une nouvelle aventure de Justice l'en chassa. Il revint à Paris où, dégoûté, faute de ne pouvoir vivre et agir de la poésie, il en écrivit.

Et ce furent les *Poètes maudits*, les *Mémoires d'un Veuf*, *Amour*, etc.

Les dix dernières années de la vie du grand Verlaine sont trop connues pour qu'on en reparle ici. Faisons remarquer néanmoins qu'en dépit de la pauvreté et de la maladie, il sut garder son admirable attitude de rébellion. Ce qu'il ne pouvait désormais contre les gens, il le marquait au moins de décor, avec finesse et non sans l'hypocrisie magistrale — qu'il fallait bien qu'il eût !

PREMIÈRE PARTIE

I

L'existence active de Jean-Nicolas-Arthur Rimbaud, appert-il, était comblée de curiosités satisfaites, à bout d'aventures impressionnantes, et elle allait, nous plaît-il croire, s'éprendre, au rêve, de nouveaux et convoités concepts à traduire dans une langue visant tous les sens à la fois, lorsque — ironie de la fatalité — en l'hôpital de la Conception, à Marseille, la mort vint l'interdire.

L'homme avait trente-sept ans, c'est-à-dire l'âge où l'on vient à peine de prendre conscience de soi, de ses forces, de ses possibilités.

Une double, initiale et finale, ensemble qu'inquiétante ressemblance, en outre de l'amitié connue, en outre de la fusion de leur réciproque génie, apparente ces deux poètes, Rimbaud et Verlaine ; dont on ne saurait évoquer la physionomie de l'un sans, aussitôt, avoir celle de l'autre présente. Fils, chacun, de soldat, ils moururent des suites d'un mal de localisation identique.

Le cours de leur vie respective fut, d'ailleurs, des plus houleux ; et ils le suivirent, tous deux, avec beauté. Telles des nefs trop remplies et à chaque instant chavirantes, mais courageuses d'équilibre essentiel en face des périls concertés de la tempête et du récif !

Ils avaient, au reste, pris soin de se prédire. Verlaine, par cet hexamètre des *Poèmes Saturniens* :

Mon âme pour d'affreux naufrages appareille;

Rimbaud, par le *Bateau Ivre* où, entre tous vers prophétiques, ceux-ci :

Fileur éternel des immobilités bleues,
Je regrette l'Europe aux anciens parapets.

En toute sincérité, dûment respectueuse, et enthousiasme raisonné d'admiration, nous avons essayé de profiler sur le fond sombre de notre époque la silhouette lumineusement agissante de Paul Verlaine; notant, au cours du trait, la décisive influence exercée sur l'auteur des *Romances sans Paroles* par celui des *Illuminations*. Il est logique, tant les deux personnalités s'enchevêtrent, que nous soit venu dans l'esprit le dessein de rendre à Arthur Rimbaud un hommage de même qualité; ayant eu la joie de communiqués précieux le concernant, communiqués précis aussi et qui documentent à souhait et en force un respect et une admiration déjà mieux qu'instinctifs pour lui.

Mais la tâche en demeure, peut-être, un peu encore trop ardue à qui, comme nous, ne l'a personnellement connu qu'à travers soi-même et sur des rapports nécessairement aussi plutôt subjectifs. Nous l'assumons, néanmoins, cette tâche, comme un devoir de piété; assuré que tous les pieux de l'adorable mémoire nous en sauront gré, même si quelque légère erreur dans les faits, une arbitraire interprétation psychologique, de malheur, s'y glissaient : motifs à blâme ou grief pour d'aucuns froids et méticuleux dont nous déclarons, d'avance, n'avoir cure.

Le public sachant lire, si on ne l'avait accoutumé de boniments ou de fausses complaisances, et s'il n'était, à cause de cela, tant sceptique et paressant à penser jusqu'au fond, ce public, disons-nous, par les écrits de Verlaine, connaîtrait Rimbaud : ce géant à face « d'ange en exil », ce très grand poète dont la vie « est toute en avant dans la lumière et dans la force » et qui mourut « dans son vœu bien formulé d'indépendance et de haut dédain de n'importe quelle adhésion à ce qu'il ne lui plaisait pas de faire ni d'être ». Mais non! La stricte justice qu'en ces termes hauts lui rendait le chantre de *Sagesse* est accueillie par un sourire malpropre, à peine excusable chez des sourds du ton de monsieur Charles Maurras dont les propos mal avisés sont dignes de fournir l'annexe au dictionnaire Larousse; et c'est en vain qu'au hasard nombreux de ses relations il réitéra, Verlaine, se devoir en originalité à Rimbaud; c'est en vain qu'il crut — à ceux qui, dans des disputes littéraires, arborant des noms de phares, disaient : « Le Dante! Shakespeare! Racine! Gœthe! » — pouvoir toujours faire cette observation: « Et vous oubliez Arthur Rimbaud! » On est allé jusqu'à innocemment nier l'existence du second poète maudit, jusqu'à propager qu'œuvre et personnalité étaient fruits de l'imagination du démon de *Parallèlement*.

Il est de fait qu'elle n'était pas pour être aisément admissible à la petite raison de maints jeunes bourgeois s'étonnant déjà d'eux-mêmes, la surhumanité du rimeur de *Voyelles :*

A noir, E blanc, I rouge, U vert, O bleu, voyelles,
Je dirai quelque jour vos naissances latentes.
A, noir corset velu des mouches éclatantes
Qui bombillent autour des puanteurs cruelles,

Golfes d'ombre ; E, candeurs des vapeurs et des tentes,
Lance des glaciers fiers, rois blancs, frissons d'ombelles;
I, pourpre, sang craché, rire des lèvres belles
Dans la colère ou les ivresses pénitentes ;

U, cycles, vibrements divins des mers virides,
Paix des pâtis semés d'animaux, paix des rides
Que l'alchimie imprime aux grands fronts studieux ;

O, suprême clairon plein de strideurs étranges,
Silences traversés des Mondes et des Anges :
— O l'Oméga, rayon violet de Ses Yeux !

Oui ! nous ne saurions croire, oui ! et nous prétendons à le démontrer, que ce poète, lorsqu'il mourut, à l'âge à peu près du Christ, n'allait pas revenir dans les Lettres pour y faire œuvre de dieu.

Et qu'on n'aille pas se méprendre sur le sens ici attribué à ce mot : Dieu ! Il n'est, sous notre plume, pas plus mystique que mystérieux, symbolique que métaphorique. Objectivement, il désigne une puissance authentique de création, supérieure et surprenante ; en présence de laquelle il est normal et nécessaire de s'incliner, de se démettre.

Et qu'on n'aille pas non plus, sur notre volonté d'opiner, crier au paradoxe, à l'exagération ! La vie d'Arthur Rimbaud, pour notre garantie, est là ; dont nous entreprenons de tracer l'ordre et la logique suprêmes et tels que, par la connaissance des faits, ils se sont révélés à notre esprit.

Originellement — voyons ? — n'était-il pas marqué de toute force celui qui, à seize ans, sans jamais avoir vu la mer, la crée énorme et vivante en le poème où fulgure cette titanesque ingénuité :

Et j'ai vu quelquefois ce que l'homme à cru voir ?

II

La vie de Rimbaud...

Mais elle est elle-même, en soi, par le monde, un miracle ; évoluant sous un double aspect de révolte et de sainteté, dans ses quatre phases principales et distinctes où, toujours, prépondère l'héroïsme.

Elle fut, en d'autres termes, selon une définition brève et lumineuse de Stéphane Mallarmé, celle de l'anarchiste par l'esprit ; celle de l'anarque, nous permettrons-nous d'étendre.

Dans les Ardennes, où — le 20 octobre 1854, à Charleville, 12, rue Napoléon (à présent rue Thiers) chez son grand-père maternel, monsieur Nicolas Cuif — il naquit, ses quinze premières années furent vécues dévotes, puis en rébellion contre l'autorité familiale et contre l'universitaire.

Son père, le capitaine Rimbaud du 47ᵉ de ligne, avait dû, quelques années après la naissance de ce second fils, par cause d'humeur peu paternelle et incompatible avec celle de sa femme, abdiquer le foyer pour aller revivre un célibat de garnisons diverses dans l'attente d'une retraite dont, dégagé et seul, il ira profiter en Dijon jusqu'à ce que la mort (1878) vienne l'y surprendre loin des siens, toujours ; de sorte que l'éducation de la famille (deux garçons auxquels étaient venues s'ajouter trois filles dont une mourut en bas âge) demeurait aux soins directeurs de la mère, une bourgeoise aisée et paysanne, de devoir autoritaire, religieuse, économe, rigoureuse dans ses principes d'honnêteté propriétaire et impitoyable sur le chapitre de la discipline idoine, selon elle, à la perpétuation d'iceux.

En 1860, monsieur Cuif étant mort et madame Rimbaud n'ayant pas cru devoir rester plus longtemps avec son mari, alors à Strasbourg, la famille revint à Charleville et s'installa rue Bourbon, puis cours d'Orléans, et ensuite rue Forest où on la verra jusqu'en juin 1869, date à laquelle, les enfants étant déjà grands, elle viendra habiter le numéro 5 bis (le 7 actuel) du quai de la Madeleine.

L'intérieur de la maison était, par cette mère, gardé impénétrable. Si bien que, en dépit de la transparence de la vie provinciale, rien n'eût été trahi de ses trop justes sévérités. Mais l'air farouche des fils signifiait, apitoyant ; et des proches voisins écoutèrent, par hasard, qu'on n'était pas libre là de vivre à son caprice.

Après un séjour à l'institution Rossat, mis au collège, Arthur — au contraire de Frédéric, son frère aîné, qui moins idéalement se révolta — y fut maintenu, parce qu'il marquait une facilité étonnante aux études, suivant le vœu maternel d'une préparation aux baccalauréats en vue de l'admission dans quelque Polytechnique ou Normale.

Ses sœurs — dont mademoiselle Vitalie, très belle, très pieuse, très obéissante envers sa mère et qui doit mourir en 1875, à dix-sept ans, d'une affection parente de celle dont Arthur mourra — se chargeaient de seconder madame

Rimbaud poussant son fils dans la voie universitaire avec une orgueilleuse âpreté. Souvent, il dut à la cruauté innocente de ces petites filles le désagrément de ne pas manger, pour avoir, par exemple, omis un mot dans la récitation des centaines de vers latins infligés en pensum, à propos de rien, par la mère qui avait subordonné le repas du garçon à l'accomplissement strict de cet effrayant et ennuyeux exercice.

Dans un de ses cahiers d'écolier datant de 1862, parmi des versions latines, on lit la narration française suivante, qui marque déjà un esprit de révolte. C'est, dans sa naïveté, caractéristique. Songeons que Rimbaud n'avait pas huit ans, lorsqu'il écrivait cela :

> Le soleil était encore chaud; cependant il n'éclairait presque plus la terre; comme un flambeau placé devant les... (illisible)... ne les éclaire plus que par une faible lueur, ainsi le soleil, flambeau terrestre, s'éteignait en laissant échapper de son corps de feu une dernière et faible lueur qui cependant laissait encore voir les feuilles vertes des arbres, les petites fleurs qui se flétrissaient, et le sommet gigantesque des pins, des peupliers et des chênes séculaires. Le vent rafraîchissant, c'est-à-dire une brise fraîche, agitait les feuilles des arbres avec un

bruissement à peu près semblable à celui que faisaient les eaux argentées du ruisseau qui coulait à mes pieds. Les fougères courbaient leur front vert devant le vent. Je m'endormis, non sans m'être abreuvé de l'eau du ruisseau.

Je rêvai que. . . . .
. . . . j'étais né à Reims, l'an 1503.

Reims était alors une petite ville ou, pour mieux dire, un bourg cependant renommé à cause de sa belle cathédrale, témoin du sacre du roi Clovis.

Mes parents étaient peu riches, mais très honnêtes : il n'avaient pour tout bien qu'une petite maison qui leur avait toujours appartenu et, en plus, quelques mille francs auxquels il faut encore ajouter les petits louis provenant des économies de ma mère.

Mon père était officier (1) dans les armées du roi. C'était un homme grand, maigre, chevelure noire, barbe, yeux, peau de même couleur. Quoiqu'il n'eût guère, quand j'étais né, que 48 ou 50 ans, on lui en aurait certainement bien donné 60 ou 58. Il était d'un caractère vif, bouillant, souvent en colère et ne voulant rien souffrir qui lui déplût.

Ma mère était bien différente : femme douce, calme, s'effrayant de peu de chose, et cependant

---

(1) Colonel des cent-gardes. (Note de A. R.)

tenant la maison dans un ordre parfait. Elle était si calme que mon père l'amusait comme une jeune demoiselle. J'étais le plus aimé. Mes frères étaient moins vaillants que moi et cependant plus grands. J'aimais peu l'étude, c'est-à-dire d'apprendre à lire, écrire et compter ; mais si c'était pour arranger une maison, cultiver un jardin, faire des commissions, à la bonne heure ! — je me plaisais à cela.

Je me rappelle qu'un jour mon père m'avait promis vingt sous, si je lui faisais bien une division ; je commençai, mais je ne pus finir. Ah ! combien de fois ne m'a-t-il pas promis des sous, des jouets, des friandises, même une fois cinq francs, si je pouvais lui lire quelque chose !

Malgré cela, mon père me mit en classe dès que j'eus dix ans.

« Pourquoi — me disais-je — apprendre du grec, du latin ? Je ne le sais. Enfin, on n'a pas besoin de cela ! Que m'importe à moi que je sois reçu ? A quoi cela sert-il d'être reçu ? A rien, n'est-ce pas ? Si, pourtant ; on dit qu'on n'a une place que lorsqu'on est reçu. Moi, je ne veux pas de place ; je serai rentier. Quand même on en voudrait une, pourquoi apprendre le latin ? Personne ne parle cette langue. Quelquefois j'en vois, du latin, sur les journaux ; mais, dieu merci, je ne serai pas journaliste.

« Pourquoi apprendre et de l'histoire et de la

géographie ? On a, il est vrai, besoin de savoir que Paris est en France ; mais on ne demande pas à quel degré de latitude. De l'histoire, apprendre la vie de Chinaldon, de Nabopolassar, de Darius, de Cyrus, et d'Alexandre et de leurs autres compères remarquables par leurs noms diaboliques, est un supplice. Que m'importe à moi qu'Alexandre ait été célèbre ?

Que m'importe... Que sait-on si les latins ont existé ? C'est peut-être, leur latin, quelque langue forgée ; et quand même ils auraient existé, qu'ils me laissent rentier et conservent leur langue pour eux ! Quel mal leur ai-je fait, pour qu'ils me flanquent au supplice ?

« Passons au grec. Cette sale langue n'est parlée par personne, personne au monde !... Ah ! saperlipote de saperlipopette ! sapristi ! moi je serai rentier; il ne fait pas si bon de s'user les culottes sur les bancs, saperlipopettouille !

« Pour être décrotteur, gagner la place de décrotteur, il faut passer un examen ; car les places qui vous sont accordées sont d'être ou décrotteur, ou porcher, ou bouvier. Dieu merci, je n'en veux pas, moi, saperlipouille ! Avec ça des soufflets vous sont accordés pour récompense ; on vous appelle animal, ce qui n'est pas vrai, bout d'homme, etc.

« Ah saperpouillotte !

« (La suite prochainement.)

« Arthur. »

Un peu plus tard, dans les *Poètes de Sept ans*, il dira encore et bellement son âme alors « livrée aux répugnances » ; puis, dans les *Illuminations*, que, à douze ans, malgré ses succès en instruction religieuse, il fut, à cause d'une lecture aux yeux maternels mal orthodoxe, « enfermé dans un grenier » sans pain, mais que ce sévice lui « fit connaître le monde et illustrer la comédie humaine ».

III

En ces années de la fin du second empire, le collège de Charleville ouvrait ses cours à des séminaristes voisins; lesquels, plus nombreux et plus âgés que les collégiens, et travaillant avec plus d'assiduité, gagnaient presque toujours les premières places. Arthur Rimbaud ne parut pas plutôt en classe qu'il les laissa derrière lui, tous et jusqu'à monsieur (nous pardonnera-t-on de profaner cette matière d'un pareil nom) Jules Mary, le feuilletoniste patriotique de nos actuels jours républicains et qui, dans ce temps-là, se montrait le plus redoutable des concurrents cléricaux, en ce collège mixte des Ardennes devenu aujourd'hui lycée.

« Rien de banal ne germe en cette tête, — disait monsieur Desdouets, le principal de l'établissement pédagogique, indiquant Arthur ; — ce sera le génie du mal ou celui du bien ».

Pénétré plus avant dans notre étude, peut-être verra-t-on que cette prédiction, aux termes niais, s'accomplit ; mais, modifiée de *distinguo* banal en synthèse rare.

Donc, dès son enfance, Rimbaud se montre d'un organisation intellectuelle supérieure et riche.

Déjà, au fond, les notions convenues de Bien et de Mal étaient repoussées par son esprit ; déjà, son âme se refusait aux impositions, n'acceptant que ce qui lui venait d'elle-même.

De ce que, un jour, au cours de mathématiques professé par monsieur Barbaisse, il lança un livre à la tête d'un séminariste venant de le dénoncer comme l'auteur d'une gamine farce — boulette de papier mâché projetée sur le tableau noir parmi la craie albe des chiffres, — quelqu'un osa conclure qu'Arthur Rimbaud était sournois et cruel. Rien n'est plus stupidement faux. D'abord, le séminariste en question était un grand et solide gaillard, vingt fois capable de mater notre violent collégien, tout grêle et frêle alors ; puis, en bon sens, peut-on voir dans cet acte projeteur de bouquin autre chose qu'une spontanée protestation de noblesse en face d'une vile délation, une révolte directement châtiant une basse et moucharde soumission ?

Sous son aspect taciturne et farouche, résultat de l'éducation maternelle, c'est qu'il était, au contraire, d'une loyauté sans égale et d'une indulgence extrême envers ses condisciples ; parmi lesquels il affectionna tout particulièrement le jeune Ernest Millot (1) dont le caractère expansif formait contraste avec le sien.

On les a vus souvent ensemble, ces deux camarades, buissonner sauvagement et aventureusement à travers la campagne ; et Rimbaud, en quête de tabac, poussait parfois jusqu'à la frontière belge où sa juste et vraie bonté, originelle, le faisait être sans scrupules l'ami de contrebandiers.

---

(1) Peu avant Arthur Rimbaud, monsieur Ernest Millot est mort juge de paix en Algérie. Au cimetière de Charleville, leurs tombes sont voisines.

Dans le même temps, en classe de Sciences, auxquelles il répugnait, on l'observa rythmant pour ses camarades des vers latins sur un sujet de composition devant être par lui-même traité.

Combien de ces derniers lui furent-ils obligés, pour maintes récompenses reçues, grâce à son aide, de leurs parents? En tout cas, il semble que leur joie échut souvent à Rimbaud en compensation des dégoûts causés par les rigueurs de sa propre famille, glorieuse cependant de ses succès.

Or, ses professeurs de Lettres, bien à l'encontre de ceux de Sciences, l'aimaient; quoiqu'il eût, en 1866, Virgile l'occupant, varié un « debellare superbos » de fin de vers en « dégueulare superbos »; cela, pour la plus grande joie de la classe et impunément, car le professeur était sourd.

Il faisait leur orgueil, à ces pédagogues!

Monsieur Izambard, maître de rhétorique, entre autres et plus spécialement, s'était émerveillé de sa précocité et de sa fièvre apte d'élève. S'attachant à Arthur, il le stimula, l'encouragea. Et il en résulta que notre collégien, dans sa quinzième année, tout en traduisant Juvénal, Tibulle, Properce en vers français, connaissait Rabelais, Villon, Baudelaire, les Parnassiens, tous les poètes, et distinguait, parmi ceux considérés alors comme les moindres, cette Marceline Desbordes-Valmore que, deux ans plus tard, il doit révéler à Paul Verlaine et dont un imbécile encombrant, de nom trop long à écrire, fera, l'an 1896, outrageusement son piédestal.

Les « devoirs » littéraires de Rimbaud étonnaient.

Nous devons à M. Izambard de pouvoir en offrir ici un spécimen :

CHARLES D'ORLÉANS A LOUIS XI (1)

Sire, le temps a laissé son manteau de pluie ; les fourriers d'été sont venus : donnons l'huis au visage à Mérencolie ! Vivent les lays et ballades, moralités et joyeusetés ! Que les clercs de la Basoche nous

---

(1) Le manuscrit de cet exercice fut communiqué par le professeur de rhétorique en question à une revue savante, où collaborait certain docteur Laurent, qui l'imprima. Ce même Laurent, criminaliste d'un goût plus mal avisé encore que le fameux Lombroso, avait auparavant, dans un gros livre d'anthropologie,

montrent les folles soties; allons ouïr la moralité du Bien-Avisé et du Mal-Avisé, et la conversion du clerc Théophilus, et comme allèrent à Rome Saint-Pierre et Saint-Paul et comment y furent martyrés! Vivent les dames à rebrassés collets, portant atours et broderies! N'est-ce pas, Sire, qu'il fait bon dire sous les arbres, quand les cieux sont vêtus de bleu, quand le soleil clair luit, les doux rondeaux, les ballades haut et clair chantées? J'ai un arbre de la plante d'amour, ou une fois me dites oui, madame

---

publié, à l'appui d'on ne sait quelle thèse pathologique sur le cas mental de notre poète, des vers plaisamment imitatifs dont l'auteur n'est autre que monsieur Maurice du Plessys, notre lyrique le mieux romanisant. Ces vers, nous les reproduisons tels qu'ils parurent pour la première fois dans le *Decadent* du 1er-15 février 1888, sans omettre l'erreur typographique *Pelreines* (évidemment mis au texte pour Pèlerines), non plus que la note mystificatrice de la rédaction et l'épigraphe:

« Les Cornues.

> ...*Au long des tablettes, les petites*
> « *Cornues de grès blanc, blanches comme*
> « *les plus blancs corps de femmes...*

« *L'abdomen prépotent des bénignes Cornues*
« *Se ballonne tel un Ventre de femme enceinte.*
« *Es-dressoirs, elles ont comme des airs de sainte*
« *Procession vers quel Bondieu? de plages nues...*

« *Et leur Idole, à ces point du tout ingénues*
« *Pelreines, c'est Tes Gloires jamais atteintes,*
« *O la Science! Phare inaccessible.* . . . . .

« . . . .

ou riche amoureux a toujours l'avantage... Mais me voilà bien esbaudi. Sire, et vous allez l'être comme moi : maître François Villon, le bon folâtre, le gentil raillard qui rima tout cela, engrillonné, nourri d'une miche et d'eau, pleure et se lamente maintenant au fond du Châtelet. Pendu serez! lui a-t-on dit devant notaire, et le pauvre follet tout transi a fait son épitaphe pour lui et ses compagnons; et les gracieux galants dont vous aimez tant les rimes s'attendent danser à Montfaucon, plus becque-

---

« *Mais c'est dans l'âpre Etna de vos nuits, ô Cornues!*
« *Que mûrit le fœtus des Demains triomphants!..*
« *— O Vulve! de Leur bec tels des Sexes d'enfants*

« *Et volute du Flanc telles les lignes nues*
« *Du pur Torse de l'Eve aux rigidités lisses :*
« *S de Leur col fluet comme de jeunes Cuisses!*

« Arthur Rimbaud. »

« Ce miraculeux sonnet, si fâcheusement mutilé, est d'une épo-
« que incertaine. Disons cependant que de bons juges l'estiment,
« en raison du ton général de la pièce et de sa facture tourmentée,
« contemporain des dernières *Illuminations*. »   (N. D. L. R).

Ajouterons-nous, pour excuser Monsieur Laurent, que cette en somme intéressante fumisterie devait abuser, peu après, un avocat méridional qui, plaidant dans une affaire d'internement, l'opposa comme de Rimbaud à l'accusation de folie, par preuve de vers, dont le héros du procès, le comte de Madrid, était victime de la part de sa famille. Auguste Vacquerie, dans le *Rappel*, philosophant sur l'affaire, n'hésita pas à publier admirativement la chose, en manière de protestation et avec la coquille : il en glorifiait Arthur Rimbaud.

tés d'oiseaux que dés à coudre, dans la bruine et le soleil !

Oh ! Sire, ce n'est pas pour folle plaisance qu'est là Villon. Pauvres housseurs ont assez de peine. Clergeons attendant leur nomination de l'université, musards, montreurs de singes, joueurs de rebec qui payent leur écot en chansons, chevaucheurs d'écuries, sires de deux écus, reîtres cachant leur nez en pots d'étain mieux qu'en casques de guerre (1), tous ces pauvres enfants secs et noirs comme écouvillons, qui ne voient de pain qu'aux fenêtres, que l'hiver emmitoufle d'onglée, ont choisi maître François Villon pour mère nourricière. Or nécessité fait gens méprendre, et faim saillir le loup du bois : peut-être l'Ecolier, un jour de famine, a-t-il pris des tripes au baquet des bouchers pour les fricasser à l'abreuvoir Papin ou à la taverne du Pestel ? Peut-être a-t-il pippé une douzaine de pains au boulanger, ou changé à La Pomme-de-Pin un broc d'eau claire pour un broc de vin de Bagneux ? Peut-être, un soir de grand galle au Plat d'Etain, a-t-il rossé le guet à son arrivée ; ou les a-t-on surpris, autour de Montfaucon, dans un souper conquis par noise avec une dizaine de ribaudes ? — Ce sont méfaits de maître François. Puis, parce qu'il nous montre un gras

---

(1) Olivier Basselin, Vaux de Vire. (Note d'A. R.)

chanoine mignonnant avec sa dame en chambre bien nattée, parce qu'il dit que le chapelain n'a cure de confesser sinon chambrières et dames et qu'il conseille aux dévotes, par bonne mocque, parler de contemplation sous les courtines, l'Écolier fol si bien riant, si bien chantant, gent comme émerillon, tremble sous les griffes des grands juges, ces terribles oiseaux noirs que suivent corbeaux et pies! Lui et ses compagnons, pauvres piteux, accrocheront un nouveau chapelet de pendus aux bras de la forêt ; le vent leur fera chandeaux dans le doux feuillage sonore. Et vous, Sire, comme tous ceux qui aiment le poète, ne pourrez rire qu'en pleurs en lisant ses joyeuses ballades et songerez qu'on a laissé mourir le gentil clerc qui chantait si follement, et ne pourrez chasser Mérencolie!

Pippeur, larron, maître François est pourtant le meilleur fils du monde. Il rit des grasses soupes jacobines, mais il honore ce qu'a honoré l'église de Dieu et madame la Vierge et la très sainte Trinité! Il honore la Cour de Parlement, mère des bons et sœur des benoîts anges! Aux médisants du royaume de France, il veut presqu'autant de mal qu'aux taverniers qui brouillent le vin! Et dea! Il sait bien qu'il a trop gallé au temps de sa jeunesse folle. L'hiver, les soirs de famine, auprès de la fontaine Maubuay ou dans quelque piscine ruinée, assis à croppetons devant un petit feu de chenevottes, qui flambe par instants pour rougir sa face maigre, il songe qu'il aurait maison et couche molle, s'il eût étudié... Souvent, noir et flou comme chevaucheur d'escovertes, il regarde dans les logis par des mortaises : « — O, ces morceaux savoureux et friands, ces tartes, ces flans, ces grasses gelines dorées ! Je suis plus affamé que Tantalus ! Du rôt ! du rôt ! Oh ! cela sent plus doux qu'ambre et civettes !... Du vin de Beaune dans de grandes aiguières d'argent ! Haro, la gorge m'ard !... O, si jeunesse eusse étudié !... Et mes chausses qui tirent la langue, et ma hucque qui ouvre toutes ses fenêtres, et mon feautre en dents de scie !... Si je rencontrais un pitoyable Alexander pour que je puisse, bien recueilli, bien débouté, chanter à mon aise comme Orphéus, le doux ménétrier ! Si je pouvais vivre en honneur une fois avant que de mourir !... » Mais voilà, souper de rondels, d'effets de lune sur les vieux toits, d'effets de lanternes sur le sol, c'est très maigre, très maigre ; puis passent, en justes cottes, les mignottes villotières qui font chosettes mignardes pour attirer les passants ; puis le regret des tavernes flamboyantes, pleines du cri des buveurs heurtant les pots d'étain et souvent les flamberges, du ricanement des ribaudes et du chant âpre des rebecs mendiants ; le regret des vieilles ruelles noires où saillent follement, pour s'embrasser, des étages de maisons et des poutres énormes, où, dans la nuit épaisse, passent, avec des sons de rapières traînées, des rires et des braieries abominables.... Et l'oiseau rentre au vieux nid : tout au tavernes et aux filles !...

Oh ! Sire, ne pouvoir mettre plumail au vent par ce temps de joie ! La corde est bien triste en mai, quand tout chante, quand tout rit, quand le soleil rayonne sur les murs les plus lépreux !

Pendus seront, pour une franche repue ! Villon est aux mains de la Cour de Parlement : le corbel n'écoutera pas le petit oiseau ! Sire, ce serait vraiment méfait de pendre ces gentils clercs. Ces poètes-là, voyez-vous, ne sont pas d'ici-bas ; laissez-les vivre leur vie étrange, laissez-les avoir froid et faim, laissez-les courir, aimer et chanter. Ils sont aussi riches que Jacques Cœur, tous ces fols enfants ; car ils ont des rimes plein l'âme, des rimes qui rient et qui pleurent, qui nous font rire et pleurer. Laissez-les vivre ! Dieu bénit tous les miséricordieux, et le monde bénit les poètes.

De la même année que cette exquise et révélatrice chose écolière, il faut dater le jet de la gourme personnelle de vers ; gourme sublime, a dit Verlaine, et qui fut abondante aussitôt !

C'est, figurant aux « Poésies complètes »,

les *Étrennes des Orphelins*, *Sensation*, *Ophélie*, *Soleil et Chair*, *A la Musique*, *Ce qui retient Nina*, *Bal des Pendus*, où les manières romantique et parnassienne se dénoncent ; et c'est le *Forgeron*, le *Châtiment de Tartufe*, *Rages de Césars*, où se manifestent des influences républicaines, voire révolutionnaires, le *Mal*, qui prouve la lecture de Proudhon : encore que parfois, que souvent de curieuses et franches originalités l'éclairent triomphalement, cette poésie de début, et qu'une marche en avant vers la beauté et la bonté veuves de tout vieux mythe et libres, par étapes, y résonne : sensation venant corroborer en largeur cette autre particularité dévoilée des goûts d'étude de Rimbaud, à savoir que, détestant la soutane, il délaissait un peu l'Histoire professée par monsieur l'abbé Wilhem auquel, malignement, il se contentait de poser des questions touchant les guerres de religion, la Saint-Barthélémy, les Dragonnades. Sans doute, pour la caractérisation entière de ces premiers poèmes, il ne faut pas omettre, d'ambiance, la marée remontante alors des eaux buandes du jacobinisme que canalisaient par la France le *Rappel* des Hugo, la *Lanterne* de Rochefort, puis la *Marseillaise* du même et de Flourens et de Millière.

Nous sommes en 1869-1870.

IV

Mais, ensemble que la pensée du jeune poète s'éprenait résolument de révoltes, son cœur, sous la glace apparente des sévérités maternelles, couvait des ardeurs d'indépendance.

Un amour, qui, premier, devra rester à peu près unique, se trouva contrecarré, empêché, par la privation totale d'argent à quoi le condamnait sa famille. Et cela lui déposa dans l'âme une âcre horreur au regard des sentiments d'orgueil maternel et d'honneur bourgeois dont le protégeait l'austère madame Rimbaud.

De la condescendance, une grande générosité envers les cancres, se marquaient de plus en plus dans ses manières d'être au collège. Et, bien que, mieux que sa mère, il eût conscience de sa supériorité intellectuelle, désormais on ne le vit tirer vanité de ses succès.

Le vantait-on ? Il en souffrait.

Seulement, il n'admettait pas qu'on le traitât en petit garçon.

Déjà, ses impulsions se secondaient d'une volonté décidée et pressée d'agir.

C'est ainsi que, un beau jour, il déclara en avoir assez, de l'école. Il ne voulait du baccalauréat, oiseux et peu probant ; jamais plus il ne franchirait le seuil d'aucun collège ni d'aucune autre sorte de maison d'éducation ; il était poète, il voulait vivre ; pour vivre, il lui fallait des moyens de connaître Paris...

Madame Rimbaud, devant l'effrontée et brutale déclaration de son fils, demeura — non sans bonne et pratique raison, il faut, hélas ! l'avouer — inflexible, impitoyable : aussitôt après la guerre, qui, après avoir licencié le collège, emplit l'atmosphère de cette région de l'est d'un tumulte capiteux de rapine et de meurtre, aussitôt après la guerre, il devra reprendre ses études interrompues, ses études pour devenir un ingénieur.

Mais Arthur, dans sa résolution, ne demeurait pas moins inflexible que sa mère.

Le 3 septembre 1870 au soir, ayant, tandis que Napoléon III rendait son épée aux prussiens en Sedan, vendu ses livres de prix; après avoir rimé le sonnet *Morts de Quatre-vingt-douze et de Quatre-vingt-treize*, il prit à la gare de Charleville un billet pour Mohon, avec l'intention bien nourrie de poursuivre, coûte que coûte, jusqu'à Paris.

Durant le trajet du chemin de fer, voici notre fuyard se cachant sous les banquettes du wagon, afin d'échapper aux demandes indiscrètes des contrôleurs.

Le train entre dans la capitale.

Pas plutôt sur le quai de la gare du Nord, Rimbaud, pour ne pouvoir exhiber de billet, est mis par les employés entre les mains du commissaire de surveillance, qu'il qualifie selon ses fonctions et qui l'arrête.

Et, il s'en fut proclamer la république au Dépôt près la Préfecture de Police.

L'examen de mystérieux papiers saisis sur lui, et qui n'étaient autres que des vers, l'avait en l'intelligence policière, à cause aussi des actuelles préoccupations belligérantes, rendu suspect d'espionnage; il ne voulait, en outre, ce méchant gamin, d'accent on dirait tudesque, révéler son état civil.

On l'expédia à Mazas, sous l'inculpation élastique de vagabondage, à défaut d'autres plus consistantes.

Voilà qu'après la geôle familiale et l'universitaire c'étaient, pour le frénétique aspirant à la liberté, les cellules patriotique et humanitaire! Tôt il eut par cela, l'enfant-poète, à rêver étroitement sur les sottises nationale et sociale, sur la qualité aussi des aspirations républicaines et autres gouvernementalismes.

Or, quel mépris, quelle haine de ces choses durent déjà l'émouvoir?

Au bout de douze jours d'emprisonnement,

il consent pourtant à livrer à la Justice son nom et la référence de monsieur Izambard, alors à Douai. Les lignes des Ardennes se trouvant interceptées par l'invasion, on s'enquiert du côté de la patrie de Desbordes-Valmore, auprès du professeur de rhétorique. Celui-ci, volontiers, répond aussitôt par l'envoi de la différence impayée à l'administration du Chemin de fer et tout en rassurant la magistrature sur le compte de l'arrêté qu'il réclame, en outre.

Libéré de Mazas trois jours après, Rimbaud n'est pas laissé maître de ses vouloirs et gestes. Il est escorté jusqu'à la gare du Nord par des agents de police qui l'embarquent à destination de son ami Izambard, lequel assumait aussi l'ingrate mission de le réintégrer au giron maternel, su peu tendre et mal pardonnant.

V

L'accueil de madame Rimbaud fut juste comme on pense; c'est-à-dire non propre à guérir Arthur de son horreur de la maison.

Il fut, cet accueil, rigide à ce point que, quelques jours à peine s'écoulant, notre révolté s'enfuyait de nouveau; cette fois, sans un sou, à pied, par les routes, avec le naïf espoir courageux de vivre de sa plume.

Il avait, au collège de Charleville, connu le fils du directeur du *Journal de Charleroi*, monsieur des Essarts. L'idée de devenir rédacteur à cette feuille le conduit. Il descend la vallée de la Meuse, gagne Fumay où il rencontre son ami Billuart, du collège aussi et qui, en outre de chocolat, le nantit d'une recommandation près d'un sergent de mobiles en garnison à Givet. Arrivé dans cette ville, il ne trouve pas le militaire, de garde ce jour-là ; il se couche en son lieu et place dans le lit de troupe ; puis, avant la diane, sans avoir été aperçu ni par conséquent signalé, il se remet, pédestrement et ventre vide, en route pour Charleroi. Entré dans la cité belge, il va droit se présenter au directeur du journal qui, étonné, vaguement le reçoit et, de même façon, le congédie.

« Le soir — écrit l'éconduit à Billuart — j'ai soupé de l'odeur s'exhalant, par les soupiraux, des viandes qui rôtissaient aux bonnes cuisines de Charleroi. »

Il passa même la nuit à la belle étoile, dans la ville ; pour, le lendemain, aller de rechef se présenter à monsieur des Essarts. Encore que l'épithète de « jûne homme », avec laquelle instamment on l'avait accueilli, lui semblât bien étrange, il n'avait pas perdu complètement espoir ; et puis, on lui devait une réponse décisive...

Il l'obtint en effet, cette réponse, à la fin ;

mais négative. Et il y entendit et comprit définitivement que l'instruction et le bon style sont superfluités en journalisme ; de même que les courageuses pensées, d'ailleurs.

Sans ressources et déçu, le voici donc à l'abandon sur le pavé d'une ville étrangère.
C'est la misère, et quelle misère !
Il ne reculera pas.
Mieux la faim avec la liberté, par le monde, que le nutritif esclavage natal !
Et des jours, des jours, il chemine à travers la Belgique et dans l'est envahi de la France ; ramené, en dépit de lui-même, vers la Meuse d'origine. Son énergie et son endurance sont inouïes. Mangeant n'importe quoi, couchant n'importe où, il va, il va, douloureux mais non triste ; il va, jusqu'à ce que la gendarmerie, de vive force, le ramène à sa mère qui, cette fois, est effarée et rougissante à l'aspect de son enfant désastreusement hâve et guenilleux et honteusement accompagné, au vu et su des carolopolitains.

A ces premières pérégrinations trimardeuses il faut rapporter, des « Poésies complètes », la *Maline*, *Roman*, *Au Cabaret Vert*, le *Buffet*, l'*Eclatante Victoire de Sarrebruck*, le *Dormeur du Val*, *Ma Bohême* :

Je m'en allais, les poings dans mes poches crevées ;
Mon paletot aussi devenait idéal ;
J'allais sous le ciel, Muse ! et j'étais ton féal.
Oh ! là là ! que d'amours splendides j'ai rêvées !

Mon unique culotte avait un large trou.
— Petit Poucet rêveur, j'égrenais dans ma course
Des rimes. Mon auberge était à la Grande-Ourse.
Mes étoiles au ciel avaient un doux frou-frou ;

Et je les écoutais, assis au bord des routes,
Ces bons soirs de septembre où je sentais des gouttes
De rosée à mon front, comme un vin de vigueur ;

Où, rimant au milieu des ombres fantastiques,
Comme des lyres, je tirais les élastiques
De mes souliers blessés, un pied contre mon cœur !

La veine poétique de Rimbaud s'humanise, dirait-on. Elle inaugure, en tout cas, ce ton goguenard et pince-sans-rire, d'un déchirement si spécial, qu'on retrouvera en toutes ses compositions postérieures.

VI

D'octobre 1870 à février 1871, l'hiver sévissant par trop et la maman ayant fait trêve un peu de rigueurs, il supporta de demeurer dans Charleville; où sa curiosité indépendante fréquentait, à la biblitohèque municipale, de vieux bouquins scientifiques et maints contes orientaux ou libretti de Favart de derrière les casiers, tous ouvrages que le bibliothécaire d'alors, monsieur Jean Hubert, un vieillard, ne délivrait pas sans grommeler : fait qui, on le sait, inspira les *Assis*, rythmés aux répits de ces studieuses occupations.

De ce moment aussi datent *Mes Petites Amoureuses*, les *Effarés*, les *Poètes de Sept ans*, les *Pauvres à l'Église*, les *Pre-*

mières *Communions*, *Accroupissements*, le *Cœur volé* et ces *Mains de Jeanne-Marie*, ces *Veilleurs*, ces *Douaniers* sottement confisqués, — dit Verlaine — et peut-être détruits, par une main profane, en 1872.

Ce sont ces vers, d'une nouveauté violente et d'une profondeur bizarre, qui devaient, un peu plus tard, provoquer l'admiration de l'auteur des *Fêtes Galantes*.

Elle coïncide bien avec cette période de l'évolution mentale de Rimbaud, cette lettre que monsieur Izambard déclare, dans l'*Écho de Paris* du 26 décembre 1891, avoir reçue de son élève; lettre où celui-ci dit être absolument écœuré par toute la poésie existante, par Homère par Racine, par Hugo, aussi bien que par les Parnassiens qui, à l'exception de Verlaine, le dégoûtent. Et, ajoute le professeur de rhétorique, le gaillard les connaissait à fond, tous ces poètes dont il décrétait l'insuffisance; il n'en parlait pas de chic.

Ce qu'il voulait, c'était devenir un voyant.

A cet effet, il décide qu'il s'enrichira le système sensoriel par tous les moyens, par le vin, par les poisons, par l'aventure.

Mais un normalien ne pouvait comprendre, ni, à plus forte raison, admettre.

Monsieur Izambard sermonna. L'élève se fâcha tout rouge.

Et ce fut, de leur lien amical, la rupture, définitive.

VII

Sur ces entrefaites, le siège de Paris est levé.

Rimbaud, sans prévenir personne, vend aussitôt sa montre et prend le train pour la capitale.

Dans les Ardennes, l'adresse lui était parvenue de ce pauvre André Gill, dont éclatait alors la double célébrité de caricaturiste et de rimeur aussi bien que la réputation de révolutionnaire. Notre jeune poète veut se rendre chez lui, sûr d'avance que, de là, il sera piloté parmi le monde de l'Art et de la Révolution.

Gill (il l'a lui-même raconté quelque part) était absent de son atelier à l'arrivée du voyageur, et il avait, selon son habitude, laissé sa clef sur la porte. Quand il rentra, peu après, sa surprise fut grande d'apercevoir un jeune homme fatigué ronflant à gros poings rouges et fermés sur la banquette de l'antichambre. Il ne cria pourtant ni : à l'assassin! ni même : au voleur! et se contenta de réveiller un peu brusquement l'intrus qui, se frottant les yeux, après de l'égarement, se reconnut, reconnut l'hôte, se présenta, dit son histoire, l'objet de sa visite et son espoir.

On sait que le bon caricaturiste, ahuri et blagueur, ne comprenant du reste pas, congédia aussitôt le gamin bizarre ; lequel, au fond, s'étonnait qu'on s'étonnât et s'en fut, dépité.

Le produit de la vente de la montre avait à peine suffi pour payer le voyage en chemin de fer : Rimbaud ne connaissait personne dans ce Paris, étranger absolument malgré une précédente présence, laquelle, on se souvient, s'était écoulée toute en prison.

Que faire, pour y vivre; et où aller?

Il dut, par cette fin d'hiver et huit jours durant, à travers les rues dont les boutiques ironiquement se ravitaillaient, errer, sans pain, ni feu, ni lieu; apaisant mal ses faims de détritus fruitiers et trompant affreusement sa fatigue par de durs sommeils sous les ponts ou dans des bateaux à charbon : cela, jusqu'à ce que, mourant littéralement de misère, il se résignât à sacrifier sa liberté en faveur de sa vie, à reprendre à pied le chemin de Charleville.

La campagne, au moins, offre des charités et la maraude en quelque verger ou quelque champ !

… Sur les routes, par des nuits d'hiver, sans gîte, sans habits, sans pain, une voix étreignait mon cœur gelé : « Faiblesse ou force : te voilà, c'est la force. Tu ne sais ni où tu vas, ni pourquoi tu vas; entre partout, réponds à tout. On ne te tuera pas plus que si tu étais cadavre. » Au matin, j'avais le regard si perdu et la contenance si morte, que ceux que j'ai rencontrés ne m'ont peut-être pas vu (1).

---

(1) *Une Saison en Enfer.*

Il venait d'éprouver, l'adolescent plein d'appétit, que la Grand'Ville, la Ville-Lumière, est, pour l'infortuné solitaire, le plus impitoyable et le plus mortel des déserts.

Une amertume sévère d'homme plisse, en son visage enfantin, la bouche de passion; et, jalousé par le ciel, ses yeux d'ange reflétant un vouloir de félicité universelle, il marche avec orgueil, il marche face à l'aube, à travers cette région française dévastée par la guerre exécrable et occupée par l'Allemand.

Dans la forêt de Villers-Cotterets, il crut, une fois, son être hautain menacé d'un écrabouillement.

C'était par une nuit de poix. Une chevauchée de Bavarois saouls et poussant d'affreux cris, dans un tumulte effroyable, chargeait sur la route et, à galop d'enfer, sur lui semblait foncer. Epouvanté, par le fait surtout de son imagination excessive, il n'eut, entendit-il, que le temps de se jeter dans un fourré où, sans oser respirer, se bouchant les oreilles, il se tint blotti longtemps, après même que le fantastique bruit se fût éteint dans l'éloignement.

VIII

Au pays natal, après ces impressionnantes aventures, on le trouve dans un état d'inquiète exaspération.

Juvénile héros malheureux, à Ernest Delahaye, son ancien condisciple qui demeurera son fidèle et pieux ami, il confie ses navrants déboires et ses miséreux accidents.

Mais, s'il est à Charleville, ce n'est pour longtemps.

On dirait qu'il a comme pris goût au malheur. Il veut connaître l'opprobre, il veut éprouver la honte : c'est de la beauté! Tout ce qui fait souffrir les hommes, tout ce que, d'ordinaire, ils exècrent, il souhaite le vivre, lui!

Encore tout enfant, j'admirais le forçat intraitable sur qui se referme toujours le bagne; je visitais les auberges et les garnis qu'il aurait sacrés par son séjour; je voyais avec son idée le ciel bleu et le travail fleuri de la campagne; je flairais sa fatalité dans les villes. Il avait plus de force qu'un saint, plus de bon sens qu'un voyageur — et lui, lui seul! pour témoin de sa gloire et de sa raison.

C'est en ces termes que, dans *Une Saison en Enfer*, Rimbaud parlera des mouvements actuels de son âme.

Il considère qu'il doit jouir tout le Mal et tout le Bien. Il aspire à la perfection dans une totalité d'humanité sans exemple; et cela, d'instinct, nativement, sans que sa modestie de sorte étrange daigne prendre conscience qu'ainsi il se divinise.

IX

C'est pendant la Commune qu'il échoua pour la troisième fois dans la capitale.

Venu, sans le sou encore et à pied, des Ardennes, il va directement se présenter aux insurgés parisiens comme un adhérent de province, admirateur enthousiaste de Blanqui et désireux ardemment de prendre part aux dangers des revendications populaires.

Son aspect pauvre excite la solidarité des bons communalistes, que ses belliqueux propos et son attitude de conviction avaient, dès l'abord, séduits. Une collecte est faite au profit du jeune homme de mine plus enfantine que nature, et si jolie et si touchante. Aussitôt qu'il a l'argent en main, il le restitue en régalant les camarades; et il démontre ainsi son peu de soucis égoïstes.

Enrôlé dans les « Tirailleurs de la Révolution », il figure dans l'effroyable fantasmagorie de la guerre civile, assiste à ce carnaval de la tuerie et de l'incendie.

Il lie, par hasard, connaissance avec Forain, « vengeur de Flourens » et déjà le gavroche spirituel qu'on sait mais qui doit, croyons-nous, à Rimbaud la férocité généreuse de son rire.

Enfin, après la défaite de la Commune, malgré l'occupation des postes aux fortifes par l'armée versaillaise dont le gros, dans les rues de la ville, va exterminer avec ivresse les Parisiens, il réussit à se sauver.

Et il regagne à pied ses contrées natales.

Il semble que cette présence insurgée dans la Cité-Lumière l'ait induit en scepticisme, voire en dédain, à l'endroit des prétentions communistes, déclamées, affichées avec par trop d'inconsciente et traditionnelle sublimité, agies avec un apparat et des galonnades vraiment trop de théâtre; car, écrira-t-il avec aisance :

En partant… bonne chance, criai-je ; et je voyais une mer de flammes et de fumée au ciel, et, à gauche, à droite, toutes les richesses flambant comme un milliard de tonnerres (1).

Les poèmes *Paris se repeuple*, *Chant de Guerre parisien* doivent être datés de cette courte mais dramatique époque. C'est, exprimés, tout le tumulte, toute la haine, en même temps que toute la cocasserie, ici généreuse, là impitoyable, de cette conflagration d'appétits autoritaires.

X

Dans Charleville, un ou deux mois après son retour, il concevra et rimera ce *Bateau Ivre*, visionnaire déjà et prophétique totalement ; chef-d'œuvre orageux, terrible aussi et doux et

---

(1) *Une Saison en Enfer*.

tout, qui forme comme le symbole de la vie même du poète et que nous devons, à cause de cela, reproduire ici intégralement :

Comme je descendais des Fleuves impassibles,
Je ne me sentis plus guidé par les haleurs :
Des Peaux-Rouges criards les avaient pris pour cibles,
Les ayant cloués nus aux poteaux de couleurs.

J'étais insoucieux de tous les équipages,
Porteur de blés flamands et de cotons anglais.
Quand avec mes haleurs ont fini ces tapages,
Les Fleuves m'ont laissé descendre où je voulais.

Dans les clapotements furieux des marées,
Moi, l'autre hiver, plus sourd que les cerveaux d'en-
Je courus ! Et les Péninsules démarrées   [*fants,*
N'ont pas subi tohu-bohus plus triomphants.

La tempête a béni mes éveils maritimes.
Plus léger qu'un bouchon j'ai dansé sur les flots
Qu'on appelle rouleurs éternels de victimes,
Dix nuits, sans regretter l'œil niais des falots.

Plus douce qu'aux enfants la chair des pommes sures,
L'eau verte pénétra ma coque de sapin
Et des taches de vin bleu et des vomissures
Me lava, dispersant gouvernail et grappin.

Et, dès lors, je me suis baigné dans le poème
De la Mer infusé d'astres et latescent,
Dévorant les azurs verts où, flottaison blême
Et ravie, un noyé pensif parfois descend,

*Où, teignant tout à coup les bleuités, délires
Et rythmes lents sous les rutilements du jour,
Plus fortes que l'alcool, plus vastes que vos lyres,
Fermentent les rousseurs amères de l'amour.*

*Je sais les cieux crevant en éclairs, et les trombes,
Et les ressacs, et les courants; je sais le soir,
L'aube exaltée ainsi qu'un peuple de colombes,
Et j'ai vu quelquefois ce que l'homme a cru voir.*

*J'ai vu le soleil bas taché d'horreurs mystiques
Illuminant de longs figements violets,
Pareils à des acteurs de drames très antiques
Les flots roulant au loin leurs frissons de volets;*

*J'ai rêvé la nuit verte aux neiges éblouies,
Baisers montant aux yeux des mers avec lenteurs,
La circulation des sèves inouïes
Et l'éveil jaune et bleu des phosphores chanteurs.*

*J'ai suivi, des mois pleins, pareille aux vacheries
Hystériques, la houle à l'assaut des récifs,
Sans songer que les pieds lumineux des Maries
Pussent forcer le mufle aux Océans poussifs;*

*J'ai heurté, savez-vous ? d'incroyables Florides
Mêlant aux fleurs des yeux de panthères, aux peaux
D'hommes des arcs-en-ciel tendus comme des brides,
Sous l'horizon des mers, à de glauques troupeaux;*

*J'ai vu fermenter les marais, énormes nasses
Où pourrit dans les joncs tout un Léviathan,
Des écroulements d'eaux au milieu des bonaces
Et les lointains vers les gouffres cataractant.*

*Glaciers, soleils d'argent, flot nacreux, cieux de braises,
Échouages hideux au fond des golfes bruns
Où les serpents géants dévorés des punaises
Choient des arbres tordus avec de noirs parfums!*

*J'aurais voulu montrer aux enfants ces dorades
Du flot bleu, ces poissons d'or, ces poissons chantants.
Des écumes de fleurs ont béni mes dérades,
Et d'ineffables vents m'ont ailé par instants.*

*Parfois, martyr lassé des pôles et des zones,
La Mer dont le sanglot faisait mon roulis doux
Montait vers moi ses fleurs d'ombre aux ventouses jaunes ;
Et je restais ainsi qu'une femme à genoux,*

*Presqu'île ballottant sur mes bords les querelles
Et les fientes d'oiseaux clabaudeurs aux yeux blonds ;
Et je voguais lorsqu'à travers mes liens frêles
Des noyés descendaient dormir à reculons.*

*Or moi, bateau perdu sous les cheveux des anses,
Jeté par l'ouragan dans l'éther sans oiseau,
Moi dont les monitors et les voiliers des Hanses
N'auraient pas repêché la carcasse ivre d'eau,*

*Libre, fumant, monté de brumes violettes,
Moi qui trouais le ciel rougeoyant comme un mur
Qui porte, confiture exquise aux bons poètes,
Des lichens de soleil et des morves d'azur,*

*Qui courais taché de lunules électriques,
Planche folle, escorté des hippocampes noirs,
Quand les Juillets faisaient crouler à coups de triques
Les cieux ultramarins aux ardents entonnoirs,*

Moi qui tremblais, sentant geindre à cinquante lieues
Le rut des Béhémots et des Maelstroms épais,
Fileur éternel des immobilités bleues,
Je regrette l'Europe aux anciens parapets.

J'ai vu des archipels sidéraux et des îles
Dont les cieux délirants sont ouverts au vogueur,
— Est-ce en ces nuits sans fond que tu dors et t'exiles,
Million d'oiseaux d'or, ô future Vigueur ? —

Mais, vrai, j'ai trop pleuré ! Les aubes sont navrantes ;
Toute lune est atroce et tout soleil amer.
L'âcre amour m'a gonflé de torpeurs enivrantes.
Oh ! que ma quille éclate ! Oh ! que j'aille à la mer !

Si je désire une eau d'Europe, c'est la flache
Noire et froide où, vers le crépuscule embaumé,
Un enfant accroupi, plein de tristesse, lâche
Un bateau frêle comme un papillon de mai.

Je ne puis plus, baigné de vos langueurs, ô lames,
Enlever leur sillage aux porteurs de cotons,
Ni traverser l'orgueil des drapeaux et des flammes,
Ni nager sous les yeux horribles des pontons !

Dès qu'il eut perpétré ce sanglotant miracle, Arthur Rimbaud, qui n'avait encore dix-sept ans, après un commerce épistolaire avec Paul Verlaine, crut pouvoir — on l'y invitait — revenir à Paris pour, dit l'auteur des *Romances sans Paroles*, « prendre terre et langue ès la ville à Villon ».

Il put même y arriver par le chemin de fer, grâce au louis octroyé par un de ses amis, monsieur Deverrière, auquel il a lu le *Bateau Ivre* et confié l'espoir d'étonner et séduire les poètes du Parnasse Contemporain, avec qui il va enfin fréquenter.

Ce n'était pas toutefois, malgré son assurance, sans de douloureuses appréhensions qu'il envisageait l'échéance de la vie parmi des compagnons de lettres devinés de manières mondaines.

Naturel et spontané de geste comme de pensée, c'est-à-dire à l'excès, et s'en rendant parfaitement compte, il prévoyait des froissements au milieu par son fait ; ayant comme la prescience qu'on ne l'y comprendrait pas, comme la crainte réfléchie de s'y voir obligé à la révolte contre des personnes qui moqueraient sa timidité, ou sa gaucherie, ou sa franchise, personnes sur l'appui desquelles, pourtant, il ne pouvait, à son entrée en carrière de poète, être sans compter.

XI

Descendu chez Verlaine, voici donc Rimbaud se fixant à Paris.

Il y séjournera jusqu'à la fuite en Belgique; c'est-à-dire d'octobre 1871 à juillet 1872, environ neuf mois.

C'est le temps de sa fièvre littéraire; le temps où il épuisera, jusqu'au fond, jusqu'à la lie, le hanap présenté des rythmes et des rimes.

Malgré des traces laissées nombreuses et ineffaçables dans le souvenir d'un monde bruyant de l'Art, ses actions et son aventure d'alors n'en demeurent pas moins de signification obscure. On l'a compris généralement mal; souvent pas du tout. On a même systématiquement expliqué à côté. Puis, la lâcheté et l'hypocrisie s'en mêlant, on a volontiers expliqué à rebours et propagé avec complaisance telles méchantes interprétations devenues bientôt matière à gorges chaudes.

Pour un Charles Cros, un Paul Verlaine

admirateurs, avec combien de vagues mérats et de grotesques carjats le pauvre et farouche poète du *Bateau Ivre* eut-il affaire, qui le diffamèrent, osant, à l'applaudissement de leurs areils, outrager son orgueil de dieu en haillons de leur suffisance bien mise d'imbéciles?

Quand on sait la vie antérieure d'Arthur Rimaud, comme on sent, à y réfléchir, qu'il dut en somme se complaire, honoré, dans le mépris de gens ouïs qualifiant Villiers de l'Isle-Adam de crapule ! Comme ensuite, poursuivant la réflexion, on comprend qu'il se soit ingénié à les scandaliser en assumant le masque excessif de tout ce qui blessait leur pudeur de prudhommes ratés ! Lui, d'ordinaire si méditatif et clos, timide au fond, comme il devait jouir du spectacle de la terreur et du dégoût causés à ces gens par l'outrance et le paradoxe cyniques de ses gestes et de ses fausses confidences !

Aussi bien, à cette époque, d'alcool et de poisons s'enivra-t-il ; autant, cela, pour le bonheur de stupéfier et d'exciter contre lui ses détracteurs que pour la joie individuelle d'une exquise irritation des sens.

La félicité de l'opprobre, il la conquérait et goûtait pleine, ainsi.

Et, au grand émoi d'ire des thuriféraires, il rira, par exemple, des observations de Théodore de Banville, comme il a ri du « Shakespeare enfant ! » dont l'avait salué Victor Hugo. Mais, si telle épouse d'un de ces maîtres le nettoie admirablement de sa vermine, il chantera le délice de cette sensation par cette toute délicatesse musicale, picturale et odorante :

LES CHERCHEUSES DE POUX

*Quand le front de l'enfant plein de rouges tourmentes
Implore l'essaim blanc des rêves indistincts,
Il vient près de son lit deux grandes sœurs charmantes
Avec de frêles doigts aux ongles argentins.*

*Elles assoient l'enfant auprès d'une croisée
Grande ouverte où l'air bleu baigne un fouillis de fleurs,
Et, dans ses lourds cheveux où tombe la rosée,
Promènent leurs doigts fins, terribles et charmeurs.*

*Il écoute chanter leurs haleines craintives
Qui fleurent de longs miels végétaux et rosés
Et qu'interrompt parfois un sifflement, salives
Reprises sur la lèvre ou désirs de baisers ;*

*Il entend leurs cils noirs battant sous les silences
Parfumés ; et leurs doigts électriques et doux
Font crépiter parmi ses grises indolences,
Sous leurs ongles royaux, la mort des petits poux.*

*Voilà que monte en lui le vin de la paresse,
Soupir d'harmonica qui pourrait délirer ;
L'enfant se sent, selon la lenteur des caresses,
Sourdre et mourir sans cesse un désir de pleurer.*

Et puis, vraiment, immédiatement, quelle faveur, quel honneur, quel triomphe d'inquiéter jusqu'à un génial Charles Cros (inventeur, avant Edison, du phonographe et qui, avant Monsieur Lippmann, découvrit la photographie des couleurs); d'inquiéter jusqu'à un bizarre Cabaner, jusqu'à un Forain gavroche ; pour laisser, dans le front étroit des autres, l'opinion nette et grossissante qu'on est un démon foncier, un voyou, un brigand promis à la guillotine !

Cependant, c'est à ce moment précis qu'Arthur Rimbaud suggérait à Paul Verlaine les lois de cette poésie fluide, ténue, si vaguement troublante et précisément troublée, dont se composeront les *Romances sans Paroles*, *Sagesse*, tout un art nouveau qui fera de l'auteur des *Fêtes Galantes* un poète de génie; c'est à ce moment que Rimbaud stylait de « diamant » les premières de ces notes inouïes, qui seront les *Illuminations*, proses placées au-dessus de toute littérature par la sagace et courageuse justice de Félix Fénéon pressentant aussi bien, sans aucun doute, l'auteur, en valeur humaine, au-dessus de tous littérateurs :

MYSTIQUE

Sur la pente du talus, les anges tournent leurs robes de laines, dans les herbages d'acier et d'émeraude.

Des prés de flammes bondissent jusqu'au sommet du mamelon. A gauche, le terreau de l'arête est piétiné par tous les homicides et toutes les batailles, et tous les bruits désastreux filent leur courbe. Derrière l'arête de droite, la ligne des orients, des progrès.

Et, tandis que la bande, en haut du tableau, est formée de la rumeur tournante et bondissante des conques des mers et des nuits humaines, la douceur fleurie des étoiles et du ciel et du reste descend en face du talus, comme un panier, contre notre face, et fait l'abîme fleurant et bleu là-dessous.

ORNIÈRES

A droite, l'aube d'été éveille les feuilles et les vapeurs et les bruits de ce coin du parc, et les talus de gauche tiennent dans leur ombre violette les mille rapides ornières de la route humide. Défilé de féeries. En effet : des chars chargés d'animaux de bois doré, de mâts et de toiles bariolées, au grand galop de vingt chevaux de cirque tachetés,

5.

et les enfants, et les hommes sur leurs bêtes les plus étonnantes ; — vingt véhicules, bossés, pavoisés et fleuris comme des Carrosses anciens ou de Contes, pleins d'enfants attifés pour une pastorale suburbaine. — Même des cercueils sous leur dais de nuit dressant les panaches d'ébène, filant au trot des grandes juments bleues et noires.

On peut, par ces citations, juger combien la sensation en l'écrivain se trouvait à ce moment aiguë.

Voici que le poète, le prophète, se développait en un merveilleux voyant. Or, cela, nous savons qu'il l'avait prémédité; que, moins de deux ans auparavant, il s'en était ouvert de désir à son professeur de rhétorique sceptique et réprimandeur.

Et l'auteur de la *Bonne Chanson*, assidu, s'idolâtrait d'autant de génie, de force pénétrante.

XII

Mais, si la rencontre avec Arthur Rimbaud détermina la personnalité novatrice de Paul Verlaine et influa par impérieux souvenir sur toute la vie postérieure d'icelui, il n'en fut pas de même au réciproque. Verlaine paraît n'avoir été qu'un accident, un incident dans l'évolution psychique et la marche vitale de Rimbaud, pourtant son cadet de deux lustres.

Quant à l'essentiel, pour ce qui nous occupe, leur tempérament du tout au tout différait ; car, tandis que Verlaine était impulsé plus spécialement en les affections immédiates et présentes ou rétracté sur le passé, Rimbaud aspirait en général à de l'inconnu, à de l'éloigné, à de l'étranger, et, cela, sans de souci d'un hier et d'intérêt d'un aujourd'hui davantage que pour mieux vouloir un demain. L'un de ces beaux géniaux, celui-ci, était plutôt, dirait-on pathologiquement, un cérébral; l'autre, celui-là — parlant de même — un cardiaque.

Aucune relation affective n'eût pu retenir l'auteur des *Illuminations* un plus long temps que le strict laps nécessaire à la satisfaction ardente et hâtive d'une curiosité.

Certes, et de ses correspondances épistolaires l'attestent, Rimbaud n'oublia, ne dédaigna jamais complètement son grand ami ; mais ce dépôt mémorial laissé par Verlaine, en dépit de l'héroïque et du tragique le colorant, n'eut en lui guère plus d'importance que, chez nous autres hommes ordinaires, un souvenir terne, ni ri, ni pleuré, regretté cependant, mais dans un haussement un peu maussade d'épaules.

Cette « espèce de prodigieuse autobiographie psychologique », *Une Saison en Enfer*, sous la métaphore établit au reste, *Délires I*, les respectivités de la fameuse liaison. Sans conteste, la « vierge folle » c'y est Verlaine et l' « époux infernal » Rimbaud. Il faut lire tout le chapitre, commençant par « Ecoutons la confession d'un compagnon d'enfer » et finissant dans cette ironique exclamation « Drôle de ménage ! » ; entre autres, on y entend ce propos de l'époux à la vierge :

Comme ça te paraîtra drôle, quand je n'y serai plus, ce par quoi tu as passé. Quand tu n'auras plus mes bras sous ton cou, ni mon cœur pour t'y reposer, ni cette bouche sur tes yeux. Parce qu'il faudra que je m'en aille, très loin, un jour. Puis, il faut que j'en aide d'autres : c'est mon devoir. Quoi que ce ne soit guère ragoûtant... chère âme...

Que d'ailleurs, à défaut de l'œuvre de Rimbaud si bien caractéristique de force, le lecteur, s'il veut éclairer sa justice sur ce sujet de la pure union Rimbaud-Verlaine, daigne se reporter à la biographie de Rimbaud, par Verlaine, dans les *Hommes d'Aujourd'hui*, ou mieux à la notice des *Poètes Maudits* : il sentira aussi par là que, si l'on peut métaphoriquement qualifier la liaison de « ménage », le mâle, en tout cas, ne fut pas l'auteur d'*Amour*.

XIII

Donc, d'octobre 1871 à juillet 1872, Rimbaud demeura dans Paris; logeant chez Théodore de Banville, puis rue Racine à l'hôtel; enfin, grâce aux munificences de Verlaine, dans ses meubles, rue Campagne-Première.

De juillet 1872 à août 1873, ce furent, en compagnie de son ami, d'extravagants séjours en Belgique, en Angleterre et en Belgique.

Au début du présent volume, pages consacrées à Paul Verlaine, nous avons parlé de cette odyssée : on voudra se souvenir.

L'auteur de *Parallèlement*, dans le souci de nous instruire librement des faits, a, de son côté, naguère, pris la lyre ; et nous devons de laisser ici place à son chant, qui vaut documentairement aussi bien qu'en beauté :

LÆTI ET ERRABUNDI (1)

*Les courses furent intrépides
(Comme aujourd'hui le repos pèse !)
Par les steamers et les rapides.
(Que me veut cet at home obèse ?)*

*Nous allions, — vous en souvient-il,
Voyageur où ça disparu ? —
Filant légers dans l'air subtil,
Deux spectres joyeux, on eût cru !*

*Car les passions satisfaites
Indolemment outre mesure
Mettaient dans nos têtes des fêtes
Et dans nos sens, que tout rassure,*

---

(1) Pour en quelque sorte protester contre une interprétation trop facilement perverse de ce poème, nous avons naguère écrit à la *Revue blanche* cette lettre :

« Avril 1896.

« Monsieur le Directeur,

« Je n'ai point prétendu, par mon article : *Verlaine héroï-
« que*, à absoudre le Pauvre Lélian de l'imputation d' « homo-
« sexualité » au point de vue psychique (celui où entend se placer
« Un lecteur le remarquant en notes de son article à la *Revue
« blanche* du 1ᵉʳ avril); mais bien l'ai voulu de faits matériels
« de pédérastie. Et mon opinion s'étaye de témoignages certains,
« après s'être appuyée sur une affirmation par Verlaine même

« *Tout, la jeunesse, l'amitié,*
Et nos cœurs ah ! que dégagés
Des femmes prises en pitié
Et du dernier des préjugés;

Laissant la crainte de l'orgie
Et le scrupule au bon ermite,
Puisque quand la borne est franchie
Ponsard ne veut plus de limite.

Entre autres blâmables excès
Je crois que nous bûmes de tout,
Depuis les plus grands vins français
Jusqu'à ce faro, jusqu'au stout,

En passant par les eaux-de-vie
Qu'on cite comme redoutables,
L'âme au septième ciel ravie,
Le corps, plus humble, sous les tables.

« réitérée aux heures d'abandon confidentiel ; aussi bien quant
« à ses relations avec Arthur Rimbaud que quant à telles autres,
« en dépit de ces vers :

> *Le bonheur de vivre à deux hommes*
> *Mieux que non pas d'époux modèles,*
> *Chacun au tas versant des sommes*
> *De sentiments forts et fidèles,*

« qui simplement objectivent les deux compagnons faisant eux-
« mêmes, en exil à Londres, leur popote.
  « J'ajouterai ce détail que, tandis que Rimbaud cuisinait,
« Verlaine se chargeait des commissions. »
                                                                 « P. B. »

*Des paysages, des cités
Posaient pour nos yeux jamais las;
Nos belles curiosités
Eussent mangé tous les atlas.*

*Fleuves et monts, bronzes et marbres,
Les couchants d'or, l'aube magique,
L'Angleterre, mère des arbres,
Fille des beffrois, la Belgique,*

*La mer terrible et douce au point
Brochaient sur le roman très cher
Que ne discontinuait point
Notre âme, et quid de notre chair ?*

*Le roman de vivre à deux hommes
Mieux que non pas d'époux modèles,
Chacun au tas versant des sommes
De sentiments forts et fidèles.*

*L'envie aux yeux de basilic
Censurait ce mode d'écot:
Nous dînions du blâme public
Et soupions du même fricot.*

*La misère aussi faisait rage
Par des fois dans le phalanstère, —
On ripostait par le courage,
La joie et les pommes de terre.*

*Scandaleux sans savoir pourquoi
(Peut-être que c'était trop beau),
Mais notre couple restait coi
Comme deux bons porte-drapeau,*

Coi dans l'orgueil d'être plus libres
Que les plus libres de ce monde,
Sourd aux gros mots de tous calibres,
Inaccessible au rire immonde.

Nous avions laissé sans émoi
Tous impédiments dans Paris ;
Lui quelques sots bernés, et moi
Certaine princesse Souris,

Une sotte qui tourna pire...
Puis soudain tomba notre gloire
Tels nous, des maréchaux d'empire
Déchus en brigands de la Loire

Mais déchus volontairement.
C'était une permission,
Pour parler militairement
De notre séparation ;

Permission sous nos semelles,
Et depuis combien de campagnes !
Pardonnâtes-vous aux femelles ?
Moi j'ai peu revu ces compagnes.

Assez toutefois pour souffrir.
Ah, quel cœur faible que mon cœur !
Mais mieux vaut souffrir que mourir
Et surtout mourir de langueur.

On vous dit mort, vous. Que le Diable
Emporte avec qui la colporte
La nouvelle irrémédiable
Qui vient ainsi battre ma porte !

Je n'y veux rien croire. Mort, vous,
Toi, dieu parmi les demi-dieux !
Ceux qui le disent sont des fous.
Mort, mon grand péché radieux,

Tout ce passé brûlant encore
Dans mes veines et ma cervelle
Et qui rayonne et qui fulgore
Sur ma ferveur toujours nouvelle !

Mort, tout ce triomphe inouï
Retentissant sans frein ni fin
Sur l'air jamais évanoui
Que bat mon cœur qui fut divin !

Quoi, le miraculeux poème
Et la toute philosophie,
Et ma patrie et ma bohême,
Morts ? Allons donc ! Tu vis ma vie !

DEUXIÈME PARTIE

I

Après sa rupture avec Verlaine, produite dans les circonstances tragiques qu'on sait, Rimbaud blessé, les souffrances et le dénûment l'y forçant, se fit admettre à l'hôpital Saint-Jean de Bruxelles.

C'est là que la justice brabançonne vint recueillir sa déposition pour le procès criminel aussitôt intenté au pauvre Lélian que la police, dans la rue, avait arraché, savez-vous, aux projets des matrones. Cette déposition fut en faveur de l'arrêté, naturellement et à ce point que, sans attendre la guérison du blessé, le gouvernement du bon Léopold le fit expulser de l'hospice et de son territoire royal.

Voyelles, les *Chercheuses de Poux*, les *Corbeaux, Patience, Jeune Ménage, Mémoire, Fêtes de la Faim*, pièces figurant aux « Poésies complètes », sont de l'époque du compagnonnage avec Verlaine. On y remarque les préoccupations d'affranchissement prosodique dont notre génération de 1890 se tourmente, semble-t-il, avec triomphe. Toute la prose, publiée, d'Arthur Rimbaud se doit aussi dater d'alors, et dans cet ordre : 1° *Les Illuminations* ; 2° *Une Saison en Enfer*.

De la frontière belge, où il venait d'être administrativement et par la force conduit, notre expulsé rejoignit à pied sa famille qui, pour la moisson, se trouvait dans une ferme lui appartenant à Roche, près d'Attigny.

De ce lieu calme et d'ennui sain, après en avoir revu les feuillets rédigés au bonheur des répits de l'aventure, il fit imprimer à Bruxelles *Une Saison en Enfer*, dernière « illumination » transcrite sous des brûlures volontaires d'alcool et dans les souffrances de la blessure au poignet aggravée de tétanos ; seul ouvrage littéraire dont il ait lui-même revu les épreuves et qu'il doit détruire, sitôt l'édition sortie, au total presque des exemplaires : cela pour des raisons dont la moindre est la défectueuse mise en pages de la brochure.

On connaît, par la réimpression sur un exemplaire clandestinement dédicacé à Verlaine, cet énorme petit livre de prose, au style strict et incisif comme une lame rougie à blanc, peuplé de rires mortels et de visions prophétiques, où pas une phrase n'est sans élixir ou sans acide : maléfice d'ouragan, sortilège torrentiel, sorte d'engin alchimique placé au foyer du monde moral et passionnel, revendication forcenée d'une divinité déchue de sa puissance. Nous en donnons ici une page inédite, trouvée parmi des brouillons de l'œuvre, et qui semble en avoir dû être le début.

On remarquera la dantesque beauté de cette trouvaille et qu'elle est ensemble comparable, en profondeur lumineuse, à un Rembrandt, avec, en outre, l'inattendue déformation de mythe admirée chez Jules Laforgue, un génial aussi vraiment, mais postérieur à Rimbaud :

Cette saison, la piscine des cinq galeries était un point d'ennui. Il semblait que ce fut un sinistre lavoir, toujours accablé de la pluie et noir ; et, les mendiants s'agitant sur les marches intérieures blêmies par ces lueurs d'orages précurseurs des éclairs d'enfer, tu plaisantais sur leurs yeux bleus aveugles, sur les linges blancs ou bleus dont s'entouraient leurs moignons. O buanderie militaire, o bain populaire ! L'eau était toujours noire, et nul infirme n'y tombait même en songe.

C'est là que Jésus fit la première action grave ; avec les infâmes infirmes. Il y avait un jour, de février, mars ou avril, où le soleil de deux heures après-midi laissait s'étaler une grande faulx de lumière sur l'eau ensevelie ; et comme, là-bas, loin derrière les infirmes, j'aurais pu voir tout ce que ce rayon seul éveillait de bourgeons et de cristaux et de vers, dans ce réservoir pareil à un ange blanc couché sur le coté, tous les reflets infiniment pales remuaient.

L'eau de mort. Tous les péchés, fils légers et tenaces du démon, qui pour les cœurs un peu sensibles rendaient ces hommes plus effrayants que des monstres, voulaient se jeter a cette eau. Les infirmes descendaient, ne raillant plus ; mais avec envie.

Les premiers entrés sortaient guéris, disait-on. Non. Les péchés les rejetaient sur les marches, et les forçaient de chercher d'autres postes : car leur démon ne peut rester qu'aux lieux où l'aumône est sure.

Jésus entra aussitôt après l'heure de midi. Personne ne lavait ni ne descendait de bêtes. La lumière dans la piscine était jaune comme les dernières feuilles des vignes. Le divin maitre se tenait contre une colonne : il regardait les fils du Péché ; le démon tirait sa langue en leur langue, et riait.

Un paralytique se leva, qui était couché sur le flanc ; il franchit la galerie, et ce fut d'un pas singulièrement assuré qu'ils le virent parcourir cette galerie et disparaitre dans la ville des Damnés.

C'est dans *Une Saison en Enfer* qu'Arthur Rimbaud prouve avec le plus d'évidence fulgurante son regard éperdument braqué sur l'avenir.

Dans les *Illuminations*, au début d'une chanson, celle de *La plus haute Tour* qui évoque l'Ibsen de *Solness le Constructeur*, il s'était plaint :

> *Oisive jeunesse*
> *A tout asservie,*
> *Par délicatesse*
> *J'ai perdu ma vie.*

Inutile, superflu trouve-t-il maintenant ce remords du passé ; et il le supprime pour *Une Saison en Enfer* où, strictement et seulement, il chantera :

> *Qu'il vienne, qu'il vienne*
> *Le temps dont on s'éprenne !*

C'est trop encore. « Point de cantiques ! » — poursuit-il ; — du silence. En fin de compte, il fera de cela, son esprit actuel, un autodafé. Aucun engagement, fût-ce de rêve, ne doit l'arrêter désormais.

Car Rimbaud, puisque nous venons de rappeler Ibsen, est une sorte de Peer Gynt en plus haut et plus beau, en plus complet.

II

L'édition d'*Une Saison en Enfer* détruite, sauf quelques exemplaires à porter avec soi et à distribuer entre d'anciens camarades de choix, il prend le chemin de fer pour Paris qu'il voulait revoir, entendre et narguer, après le scandale de ses aventures avec Verlaine.

Le 1er novembre de cette année 1873, monsieur Alfred Poussin, tout bon homme arrivant de Normandie pour se produire comme rimeur dans la capitale au moyen d'une piécette de vers primée, depuis, par la Société protectrice des Animaux, monsieur Alfred Poussin le rencontre au café Tabourey, près de l'Odéon.

L'ayant vu à l'écart des autres consommateurs et devant une table veuve de verre, il le régale ; parce que le garçon servant a, non sans mépris, désigné le solitaire comme un poète.

Rimbaud n'a pas encore dix-neuf ans. Il s'est de taille comme de chevelure notablement allongé ; son visage, bien que toujours enfantin, recèle en sa pâleur quelque chose de virilement amer et de redoutable, qui impressionne.

Un dessin d'Ernest Delahaye, interprété par Vallotton et publié au *Chap-Book*, le représente à ce moment de sa vie.

Monsieur Poussin, lui, a gardé de cette physionomie un souvenir d'effroi. Il raconte, pour s'appuyer, la répugnance craintive avec quoi les littérateurs fréquentant alors chez Tabourey, et qui sont presque tous à présent célèbres, tenaient le visionnaire du sonnet des *Voyelles* en quarantaine. On glosait entre haut et bas, sinistrement et avec une bêtise lâche. Arthur l'incompris, le calomnié, souffrait toujours intolérablement de son bras.

Aussi, n'était-il que depuis quelques jours de retour chez les Parisiens, lorsqu'il reprit à pied le chemin des Ardennes.

III

Après maints débats, par force serments de vie régulière, à Charleville il réussit, en même temps que sa guérison, l'obtention auprès de sa mère de quelque subside lui permettant de repartir pour Paris et de courir en compagnie de Germain Nouveau (1), un sympathique, revoir l'Angleterre.

---

(1) On a publié que Rimbaud, dans ce voyage, n'avait pas été cordial avec son camarade. Afin de détruire cette légende, nous offrons ici le témoignage d'une lettre de monsieur Nouveau; témoignage un peu tardif il est vrai, puisqu'il fut formulé à une date où Rimbaud était mort depuis plus de deux années :

Monsieur Arthur Rimbaud, à Aden (recommandé aux bons soins du Consulat de France).

« Alger, 12 décembre 1893.

« Mon cher Rimbaud,

« Ayant entendu dire à Paris que tu habitais Aden depuis pas
« mal de temps, je t'écris à Aden à tout hasard et, pour plus de

Professeur de français à Londres, puis dans la province anglaise, il achève l'étude de la langue britannique.

Au bout d'un an d'une existence grise et besogneuse, fin 1874 par conséquent, on le voit de rechef en sa ville natale où madame Rimbaud, pour l'hivernage, garde toujours un appartement.

« sûreté, je me permets de recommander ma lettre au Consul de
« France à Aden.
  « Je serais heureux d'avoir de tes nouvelles directement, très
« heureux.
  « Quant à moi; voici, c'est simple. Je suis à Alger en qualité
« de professeur de dessin en congé avec un étique traitement, et
« en train de soigner (mal) mes rhumatismes.
  « Il m'est venu une idée que je crois bonne. Je vais avoir en
« ma possession bientôt une certaine somme, et je voudrais
« ouvrir une modeste boutique de peintre-décorateur.
  « Il y a peu à faire à Alger, ville tuante; j'ai pensé à l'Égypte
« que j'ai déjà habitée plusieurs mois il y a sept ans, puis enfin à
« Aden comme étant une ville plus neuve et où il y aurait plus
« de ressources, à mon avis s'entend.
  « Je te serais reconnaissant de me dire ce que vaut cette idée
« et de bourrer ta bonne lettre d'une floppée de renseignements.
  « N'ai pas vu Verlompe *(lire Verlaine)* depuis bientôt deux
« ans, non plus que Delahaye. L'un est célèbre, et l'autre est, au
« Ministère de l'Instruction publique, commis-rédacteur : ce que
« tu sais peut-être aussi bien que moi.
  « J'attends, pour couvrir mon épistole de bavardages plus longs,
« que tu m'aies fait réponse.

IV

Et l'on croirait que celle-ci, de guerre lasse, marque un acquiescement condescendu aux projets de son fils.

Elle l'avait vu détruire l'édition d'*Une Saison en Enfer;* il exprimait à présent un désir vers la science pratique et les langues vivantes,

---

« Ton vieux copain d'antan bien cordial.

« G. Nouveau,
« 11, rue Porte-Neuve, à Alger.

« P. S. — Je suis en train d'apprendre l'arabe. Sais l'anglais
« et l'italien; ne peut qu'être utile à Aden. »

Cette lettre, par les soins du consul de France à Aden, fut expédiée à Roche (Ardennes) et reçue par la famille en deuil de Rimbaud.

jurait définitif son abandon des lettres, de ces lettres dont elle gardera, incurable, le mépris. Vraiment, il avait encore si peu d'âge...

Au fond, la grande préoccupation, le vouloir fixe d'Arthur Rimbaud étaient de quitter l'Europe, de gagner l'Orient, de pouvoir aller embrasser plus matériellement et prochainement les aubes.

Il avait à la vérité, son besoin de tout épreindre ne se limitant pas, le souci des connaissances scientifiques et linguistiques. Mais ces sciences et ces langues — l'argent faisant défaut — il les voyait, à l'heure qu'il est, surtout comme des moyens de réaliser ses torrides et ses projets. Et si madame Rimbaud eût daigné lire et comprendre le petit livre qu'elle avait vu brûler sans souci, elle n'aurait pas été dupe. N'y est-il pas formellement prédit:

Ma journée est faite ; je quitte l'Europe. L'air marin brûlera mes poumons, les climats perdus me tanneront...

Comme il savait à fond l'anglais, ensemble que de philomathie il faudrait, plaide-t-il, qu'il allât s'occuper de l'allemand.

De raison, puis de bourse, sa mère finit par consentir.

Encore quelques jours de repos, par cet hiver, au sein de sa famille, et, à souhait, il pourra partir pour Stuttgard.

V

Au mois de février 1875 il était, dans cette ville d'Allemagne, en pleine application d'études quand vint le surprendre Verlaine, retour de Mons, parti de Paris et qui, par lettres parvenues grâce à l'intermédiaire d'Ernest Delahaye, avait tenté vainement de convertir son ancien compagnon à ce catholicisme d'art dont il était, lui, l'auteur de *Sagesse*, encore tout frissonnant.

Nous avons raconté, au début de ce livre, comment se produisit la rencontre et quel fut l'accueil de Rimbaud. Ici, disons seulement, afin de mettre de la lumière sur un point de littérature légèrement obscurci, qu'un échange de productions, parmi des confidences esthétiques, eut lieu, entre nos deux poètes.

Tandis que Rimbaud remettait à Verlaine un exemplaire d'*Une Saison en Enfer*, celui-ci répondait par le don de manuscrits poétiques devant, plus tard, entrer dans la composition de *Sagesse;* entre autres cet

O mon Dieu vous m'avez blessé d'amour

qu'Isabelle Rimbaud, trompée par une analogie graphique, ne craignit pas, un temps, de laisser attribuer à son frère.

On doit, pour la justification de cette pieuse sœur, ajouter que jamais Arthur ne lui avait précisément révélé l'auteur de cet admirable poème, trouvé non signé dans les latrines, et que, comme sa mère et comme, d'autre part, la famille Verlaine, elle vivait dans la conviction que jamais, depuis la tragédie de Bruxelles, les deux amis ne s'étaient rencontrés.

Une fois en possession de la langue germanique, Rimbaud, à l'insu de sa famille, ne tarda pas à quitter Stuttgard.

Sa présence n'y durait que depuis quatre mois. L'on voit par là que son ardeur à l'étude n'avait pas chômé.

VI

En hâte d'atteindre les chaudes contrées de son vœu, il vend sa malle, cet impédiment, et, visant l'Archipel où, dans une Cyclade, à Paros ou à Naxos, un ami, monsieur Mercier, fabriquait du savon, il prend le railroad pour jusqu'au pied du Saint-Gothard.

A Altorf, il épuise son dérisoire pécule. Et c'est farouche et résolu, qu'il gravit à pied le mont; c'est épuisé de fatigue et mourant de faim, qu'il le descend vers l'Italie.

Il se traîne, pour ainsi dire ; mais, à force de courage, il parvient à Milan.

Là une signora, apitoyée à la fois et charmée, séduite même on dirait, le recueille, le soigne, bref le garde près d'elle un mois. Il en profite pour apprendre le facile italien. Puis, dès réconforté, il se remet en marche, âprement, toujours au Sud, sur Brindisi, lieu d'embarquement.

Hélas ! sa santé jouait de malheur.

Sur la route de Sienne, dépassé Livourne, il est frappé d'insolation et tombe. Ramassé, on le ramène au port toscan, pour l'y hospitaliser.

A sa sortie de l'hospice de Livourne, comme il était mal convalescent et un peu sceptique quant à ses possibilités physiques de poursuivre ce fatal voyage, il alla se présenter au consul de France qui, sympathique et charmé à son tour, offrit de le rapatrier honnêtement.

Il convient, à ce passage exemplaire, d'appuyer sur l'exquisité noble et simple des façons de Rimbaud, lequel, au contraire de ce que maints parisiens prétendent et propagent, savait aussitôt conquérir l'estime des braves cœurs. Lui-même s'est étonné de son pouvoir sous ce rapport; et, par excessive confession prédisante, il a dit dans *Une Saison en Enfer* :

Mais! qui a fait ma langue perfide tellement, qu'elle ait guidé et sauvegardé jusqu'ici ma paresse? Sans me servir pour rien même de mon corps, et plus oisif que le crapaud, j'ai vécu partout. Pas une famille d'Europe que je ne connaisse; — j'entends des familles comme la mienne, qui tiennent tout de la déclaration des droits de l'homme. J'ai connu chaque fils de famille !

C'est qu'une encyclopédique instruction, lui permettant de converser aisément et dans leur langue avec les hommes les plus éminents des sociétés européennes, ne détruisait pas chez lui ce laisser-aller bon et sans apparat de condescendance qu'il faut, pour leur plaire, montrer aux ouvriers et aux paysans; bien il savait, et immédiatement, se mettre au ton et à la portée des humbles qui vite, en retour, devenaient franchement ses amis et ses admirateurs.

A Paris, en 1872, on l'avait rencontré, sur le trottoir de la rue de Rivoli, vendant avec aisance des « anneaux pour la sûreté des clefs »; sur les routes, dans la campagne, jamais il ne fut trouvé gauche à moissonner ou à décharger des voitures. Aux ports, non plus, on ne le vit maladroit à débarder des bateaux.

VII

A Marseille où, ce 1875 qu'il est, il put, grâce au consul de Livourne, gratuitement atterrir, il demeura plus d'un mois à vivre des besognes les plus modestes et les plus pénibles, quoiqu'il fût encore très débilité.

Pour n'avoir pas à remonter vers le nord, il consentait à tout, ne répugnant à rien; peu rassuré, d'ailleurs, qu'il était sur l'accueil réservé désormais par sa mère après l'équipée dernière de Stuttgard.

Un jour que, en dépit de sa vaillance, il mourait de famine, comme on lui proposait un engagement dans l'armée espagnole carliste, en débandade et réfugiée aux villes françaises des côtes de la Méditerranée où elle essayait de se reconstituer, il accepta d'être militaire.
Comment, ayant reçu sa prime d'engagement, il ne partit pas au service de don Carlos et prit au contraire le train pour Paris : c'est explicable, et si bien, par une reprise de conscience aux devoirs envers soi-même et autrui. Une fois sa faim apaisée, l'horreur lui revint des lâchetés de la guerre en un rappel de ses idées socialistes, souvenirs de la Commune lui désignant aussitôt la capitale des révolutions que pour une fois, libéré des soucis de bourse — l'or tinte dans ses poches, il est ivre! — il veut revoir, affronter, en se gorgeant de ses luxes et de ses plaisirs onéreux.

VIII

Retour de Paris, fin de cette année 1875, on le revoit encore dans Charleville.

Il y hivernera; soutenant une lutte sourde contre madame Rimbaud qui ne veut, on le conçoit bien, plus rien admettre des ambitions de son fils.

La famille a quitté le quai de la Madeleine et se trouve installée dans l'étroite rue Saint-Barthélemy. Elle est en deuil de l'aînée des filles, mademoiselle Vitalie.

Parmi les nouvelles études entreprises par Arthur dans cette maison, il faut noter celle de la Musique. Sa mère, pour à cette acquisition d'art l'aider, n'a voulu consentir l'achat d'un piano. Lui s'avise d'en confectionner un avec une table. Ayant, sur ce meuble, sculpté l'image du clavier, tout en s'aidant de la voix, il s'exerce fiévreusement au doigté et arrive très vite à sa possession ; à telles enseignes que, le jour où madame Rimbaud, désolée à la vue de sa table déchiquetée à laquelle son fils s'apprêtait à poser des pédales, se résigne à accepter la venue d'un instrument, ce jour-là, c'est avec presque de la virtuosité qu'Arthur Rimbaud, de ses vastes poings, essort du piano des orages de notes qui mettent tout l'alentour en affreux émoi, font craindre l'écroulement de son immeuble au propriétaire dont le fils, docteur Charles Lefèvre — au moment où nous écrivons ces lignes, — recevait alors de notre furieux pianiste des leçons de langue allemande.

Un dessin joyeux par Paul Verlaine, d'une ressemblance extrême de mains et de tête un peu rajeunie, nous montre Rimbaud ainsi opérant des tonnerres (1). Par un bizarre caprice, le personnage venait de se faire raser com-

---

(1) Ce dessin a été publié par la *Revue blanche* (t. XII, n° 93).

plètement la tête; son iconographe méticuleux nous indique ce détail, détail révélant très heureusement, avec fidélité, une forme curieuse de crâne.

IX

L'an 1876, deuxième tentative vers l'Orient.

A force d'obligatoires roueries, il a gagné la bourse maternelle à la cause d'un départ.
Sous le prétexte d'aller approfondir l'allemand, aux fins subséquentes, prétextées s'entend, d'une collaboration industrielle en Russie, pays dont à Charleville la langue a été étudiée, il prend le chemin de fer pour Vienne.
Un autre dessin de Verlaine, riant de ce

départ, est aussi scrupuleux de détails que le précédent (1). Le costume est bien à la mode de l'époque ; et, au chapeau haut de forme, le dessinateur n'a pas omis le crêpe indicateur du deuil familial causé par la mort récente de mademoiselle Vitalie.

Mais, si Arthur partait en Autriche avec l'intention d'aller ensuite à Varna, c'était, ni plus ni moins, pour s'embarquer vers l'Asie, à ce port de la Mer Noire.

Dans Vienne, le guignon l'attend. Sitôt y arrivé, comme il a pris une voiture, il est délesté de tout son pécule relativement considérable, par le cocher aidé d'individus avec lesquels son imprudente générosité et une trahison l'ont fait boire. Et, ses voleurs enfuis, le voici forcé, pour manger, de se livrer en la capitale autrichienne, à de nouveaux labeurs de forçat, voire à des mendicités.

Une fois, pour certes de nobles raisons humaines, il a une rixe avec la police. On l'arrête ; il est pris contre lui un arrêté d'expulsion.

---

(1) Voir le même numéro de la *Revue blanche*.

Conduit à la frontière d'Allemagne et livré à l'administration policière de ce nouvel empire qui l'expulse à son tour, on l'escorte jusqu'à la frontière alsacienne, d'où, à pied, par Strasbourg et Montmédy, il revient dans les Ardennes.

« Il était alors — dit Ernest Delahaye — très robuste ; allure souple, forte, d'un marcheur résolu et patient, qui va toujours. Les grandes jambes faisaient, avec calme, des enjambées formidables, les longs bras ballants rythmaient les mouvements très réguliers, le buste était droit, la tête droite, les yeux regardaient dans le vague, toute la figure avait une expression de *défi résigné*, un air de s'attendre à tout, sans colère, sans crainte. »

Il n'écrivait plus que de rares épistoles ; l'ambition littéraire semblait morte en lui, de son propre fait. Il ne marquait apparemment que le désir d'aller, de sentir. Et son regard avec obstination demeurait fixé sur l'Orient. Coûte que coûte, il fallait qu'il y atterrît, en cet Orient !

Or, il n'y avait plus d'entreprises possibles contre la bourse familiale.

Aussi, touchant les moyens de contenter ses vœux, les idées les plus étranges et les plus contraires à ses goûts hantaient-elles son esprit. Il eut, entre autres, celle de se faire missionnnaire.

On ne devait le voir, par conséquent, que fort peu de jours, cette fois, dans Charleville.

X

En moquerie de l'arrêté d'expulsion pris contre lui en Belgique, trois années auparavant, à l'occasion de la malheureuse affaire Verlaine, il gagne à pied et prudemment ce pays voisin, qu'il lui faut traverser pour atteindre la Hollande, terre de ports et de navigation, propice à une fuite vers les chaudes contrées de son désir.

Sur la route, en quelque ville flamande, le hasard lui octroie des rapports avec un racoleur. On s'entend ; l'on part ensemble au Helder. Là, contre une prime de douze cents francs dont six cents à toucher à la signature, Rimbaud contracte un engagement dans les troupes néerlandaises qui vont s'embarquer pour l'archipel de la Sonde.

Dans son rêve, la perspective d'une présence en l'Inde tombait comme à pic ; le moyen présenté de départ, pour répugnant à ses souhaits qu'il fût, n'en était pas moins un moyen, un moyen sûr. Ne venait-il pas d'en combiner d'aussi étranges, en France ? Une fois là-bas, il verrait.

Et c'est ainsi, sous un masque de mercenaire, que, bercé sur l'océan Indien, il s'en fut prendre terre en Malaisie, aux îles de Java et de Sumatra.

Mais il était, savons-nous, d'âme trop fière et sûre de son droit individuel et primordial pour accepter la soumission ; à plus forte raison, la discipline militaire. Il avait trop natif le sens pur de l'honneur et de la dignité; il avait trop large la compréhension morale, pour conserver un scrupule de dette envers des gens dont la profession est d'exterminer les hommes qui par eux ne se laissent spolier sans révolte. Puis, un ennui le rongea bientôt de ne pouvoir, à son gré, explorer l'étrange nature de ce pays volcanique dont la flore est prodigieuse, la faune terrible, et qui est habité par des humains au mysticisme lent, immobile : humains plus beaux mille fois, à son regard, que ces conquérants de sac et de fusil aux rangs desquels il éprouvait comme l'impudeur d'être.

Il poussa, nécessairement, l'indiscipline jusqu'à la désertion.

Dès lors, il fut errant dans l'île de Java; obligé, afin d'échapper aux barbaries de la vindicte militaire, afin d'échapper à la pendaison, d'esquiver les regards de l'occupation hollandaise, de se cacher dans de redoutables forêts vierges où des orangs-outangs durent lui enseigner le moyen de vivre à l'abri de l'assaut des tigres et des surprises du boa.

Cependant, pour intéressante, nouvelle et captivante que cette existence de primate lui parût, il ne pouvait la supporter longtemps.

Au bout d'un mois, rusant comme un indien, il put rentrer dans Batavia et y manœuvrer si bien, en nique de l'autorité militaire, qu'un navire anglais, en partance au port, l'acceptait à bord en qualité d'interprète-manœuvre, et que le voici, fuyard, en mer pour Liverpool et Dieppe !

Au cours de cette traversée, la tempête, à deux reprises, sévit effroyablement sur le vaisseau qui, voiles crevées, mâts brisés, ne dut son salut qu'au sacrifice de sa cargaison.

Ainsi désemparé, on naviguait lentement et péniblement. Doublé le cap de Bonne-Espérance, on arrive en vue de Sainte-Hélène. Notre déserteur veut qu'on y aborde. Le capitaine s'y refuse. Alors, quoique sachant à peine nager, Rimbaud se jette à la mer afin de gagner à brassées l'île qu'illustra la captivité de Napoléon. Il fallut qu'un marin plongeât après le téméraire pour, de vive force, le ramener et le réembarquer.

On remarquera dans les détails de cette anecdote, quelque sommairement indiqués qu'ils soient, jusqu'à quel point notre héros parlant anglais avait su se conquérir par des services l'affection du commandant du navire. Il le fallait pour que les choses se produisissent ainsi. Certes, au sortir des sauvageries de Java, Rimbaud ne devait payer de mine, et un homme à la mer, après le désastre des agrès, ne pouvait être que de secours à l'équipage affamé de la nef lamentable.

Débarqué à Dieppe, il partit presque aussitôt pour Charleville.

On l'y revoit tanné, déjà, et vieilli par une barbe soudaine encore que follette.

Quant à Madame Rimbaud, elle semble désormais se résigner à l'irréductibilité du caractère vagabond de son fils. Elle assume un masque d'indifférence à son égard, froidement le laisse faire, ne le questionne plus. Les cordons de la bourse restent, c'est naturel, impitoyablement fermés pour Arthur.

Nous sommes en 1877 : il a donc vingt-trois ans.

XI

Un repos de quelques mois dans les Ardennes.

Puis, en défi de la condamnation à mort encourue par sa désertion, traversant la Belgique, périculeuse toujours aussi, il retourne pédestrement en Hollande, avec, mûrie dans le désespoir de tout succès d'un assaut contre l'avoir maternel, l'idée de se procurer au moyen connu du racolage l'argent d'un nouveau départ pour l'Orient.

Nous savons qu'il connaissait à fond la langue allemande.

Grâce à cet avantage, sur la frontière hollando-prussienne, sous un nom d'emprunt, il réussit à faire s'engager bon nombre de stupides tudesques ; et il reçoit, pour son plaisant négoce, une somme d'argent assez considérable, lui permettant de quitter vite le dangereux état néerlandais, de filer sur Hambourg, port d'Allemagne, où il compte, sur un vaisseau marchand, s'embarquer.

Mais dans cette ville, qui l'intéresse, il dissipe, avant même de s'informer maritimement, ses gains en solidarités ; si bien que, au lieu de pouvoir partir pour l'Orient, il se trouve dans la nécessité de saisir aux cheveux l'occasion qui se présente d'un engagement comme interprète-bonisseur dans la troupe ambulante du cirque Loisset, en tournée dans le Nord.

C'est dans ces fonctions que le connurent Copenhague et Stockholm.

L'existence relativement méthodique et toujours la même du baladin n'était pas, on l'admettra, pour attacher longtemps le hasardeux nomade que fut Arthur Rimbaud.

Il se blasa tôt de l'action aux fêtes foraines en ces villes froides, sous tous les rapports, de la Scandinavie. Le septentrion, au fait, n'entrait pas du tout dans le programme actuel de sa fête de vie curieuse, et puis : connu le protestantisme de ces contrées !

Aussi, dès Stockholm, ne voyant aucune possibilité de machination pour amener à sa cause la sympathie des marins de la Baltique, lâcha-t-il la baraque Loisset et s'en fut-il vers le consulat français pour y demander son rapatriement. Comme l'autre de naguère en Italie, le consul de France en Suède l'accueillit favorablement. Et notre expatrié put ainsi gratuitement, par voie de fer, revenir en son pays, réintégrer Charleville.

Observons ici cette tendance, comme fatale, de notre voyageur à reprendre toujours le chemin de son natal point de départ. Etant donnés les griefs nourris de toujours contre la prison carolopolitaine et les rigueurs maternelles, elle semble inconséquente, et on la taxerait presque d'inconscience.

Est-ce à dire que, sous ses sévérités, madame Rimbaud cèle une de ces rares délicatesses auxquelles Arthur, le perspicace, ne savait résister ; parce qu'elles comportent du mystère ? Monsieur Rimbaud père, le capitaine Rimbaud, en dépit de l'intransigeant honneur de son épouse, aussi était revenu près d'elle, souvent et nonobstant de décisives manifestations de rupture.

Est-ce à dire que l'Ardenne possède un charme spécial, dont ce fils maltraité ne put jamais se priver longtemps, sans être atteint de nostalgie ?

Est-ce à dire, plus bassement, qu'il était sûr de trouver là, toujours, une trêve à ses faims animales ?

Toujours est-il, d'apparence contradictoire, que, pas plutôt rentré dans ses foyers, cet impatient aventurier projetait d'en sortir, à tout prix.

XII

En 1878, pour retourner en chemin de fer à Hambourg (de nouveaux espoirs d'embarquement l'y appellent), il se voit forcé de donner mensongèrement à sa mère la preuve, pour ainsi dire, que là il travaillera « honnêtement » et avec fruit pécuniaire.

La bourse s'ouvre, à la fin. Il part; et, arrivé dans la ville allemande, il est en effet engagé par des négociants qui, comble de souhaits, l'envoient à Alexandrie.

Il redescend donc vers le sud, vers Gênes, où il prendra la mer.

Pressé qu'il est, afin de gagner du temps, il décide qu'il ascendra une seconde fois le Saint-Gothard. L'hiver l'oblige de faire à pied encore ce dur trajet; au cours duquel, autrefois, il avait failli perdre la vie.

Voici d'ailleurs, racontées par lui-même dans une lettre datée de Gênes, 17 novembre 1878, les péripéties de cette seconde ascension :

Chers amis, j'arrive ce matin à Gênes, et reçois vos lettres. Un passage pour l'Egypte se paie en or, de sorte qu'il n'y a aucun bénéfice. Je pars lundi 19 à 9 heures du soir. On arrive à la fin du mois.

Quant à la façon dont je suis arrivé ici, elle a été accidentée et rafraîchie de temps en temps par la saison. Sur la ligne droite des Ardennes en Suisse, voulant rejoindre de Remiremont la correspondance allemande à Wesserling, il m'a fallu passer les Vosges ; d'abord, en diligence, puis à pied, aucune diligence ne pouvant plus circuler dans cinquante centimètres de neige en moyenne et par une tourmente signalée. Mais l'exploit prévu était le passage du Gothard, qu'on n'accomplit plus en voiture à cette saison et que je ne pouvais, par conséquent, faire en voiture.

A Altorf, à la pointe méridionale du lac des Quatre-Cantons qu'on a côtoyé en vapeur, commence la route du Gothard. A Amsteg, à une quinzaine de kilomètres d'Altorf, la route commence à grimper et à tourner selon le caractère alpestre. Plus de vallées ; on ne fait plus que dominer des précipices, par-dessus les bornes décamétriques de la route. Avant d'arriver à Andermatt, on passe un endroit d'une horreur remarquable, dit le Pont du Diable, — moins beau pourtant que la Via Mala du Splügen, que vous avez en gravure. A Gœschenen, un village devenu bourg par l'affluence des ouvriers, on voit au fond de la gorge l'ouverture du fameux tunnel, les ateliers et les cantines de l'entreprise. D'ailleurs tout ce pays d'aspect si féroce est fort travaillé et travaillant. Si l'on ne voit pas de batteuses à vapeur dans la gorge, on entend un peu partout la scie et la pioche sur la hauteur invisible. Il va sans dire que l'industrie du pays se montre surtout en morceaux de bois. Il y a beaucoup de fouilles minières. Les aubergistes vous offrent des spécimens minéraux plus ou moins curieux que le diable, dit-on, vient acheter au sommet des collines et va revendre en ville.

Puis commence la vraie montée, à Hospital je crois : d'abord presque une escalade par les traverses, puis des plateaux ou simplement la route des voitures. Car il faut bien se figurer que l'on ne peut suivre tout le temps celle-ci qui ne monte qu'en zig-zags ou terrasses fort douces, ce qui demanderait un temps infini quand il n'y a à pic que 4900 d'élévation pour chaque face, et même moins de 4900, vu l'élévation du voisinage. On ne monte non plus à pic, on suit des montées habituelles, sinon frayées. Les gens non accoutumés au spectacle des montagnes apprennent ainsi qu'une montagne peut avoir des pics, mais qu'un pic n'est pas la montagne. Le sommet du Gothard a donc plusieurs kilomètres de superficie.

La route, qui n'a guère que six mètres de largeur, est comblée tout du long, à droite, par une chute de neige de près de deux mètres de hauteur, qui, à chaque instant, allonge sur la route une barre d'un mètre de haut qu'il faut fendre sous une atroce tourmente de grésil. Voici : plus une ombre dessus, dessous ni autour, quoique nous soyons entourés d'objets énormes ; plus de route, de précipice, de gorge ni de ciel : rien que du blanc à songer, à toucher, à voir ou ne pas voir, car impossible de lever les yeux de l'embêtement blanc qu'on croit être le milieu du sentier, impossible de lever le nez à une bise aussi carabinante, les cils et la moustache en stalactites, l'oreille déchirée, le cou gonflé ! Sans l'ombre qu'on est soi-même et sans les poteaux du télégraphe, qui suivent la route supposée, on serait aussi embarrassé qu'un pierrot dans un four.

Voici à fendre plus d'un mètre de haut sur un kilomètre de long. On ne voit plus ses genoux de longtemps. C'est échauffant. Haletants, car en une demi-heure la tourmente peut nous ensevelir sans trop d'efforts, on s'encourage par des cris (on ne monte jamais tout seul, mais en bande). Enfin voici une cantonnière : on y paie le bol d'eau salée 1 fr. 50. En route. Mais le vent s'enrage, la route se comble visiblement. Voici un convoi de traîneaux, un cheval tombé moitié enseveli. Mais la route se perd. De quel côté des poteaux est-ce ? (Il n'y a de poteaux que d'un côté). On dévie, on plonge jusqu'aux côtes, jusque sous les bras...

Une ombre pâle derrière une tranchée : c'est l'hospice du Gothard, établissement civil et hospitalier, vilaine bâtisse de sapin et de pierres ; un clocheton. A la sonnette, un jeune homme louche vous reçoit : on monte dans une salle basse et malpropre où l'on vous régale de droit de pain et de fromage, soupe et goutte. On voit les beaux gros chiens jaunes à l'histoire connue. Bientôt arrivent à moitié morts les retardataires de la montagne. Le soir, on est une trentaine qu'on distribue, après la soupe, sur des paillasses dures et sous des couvertes insuffisantes. La nuit, on entend les hôtes exhaler en cantiques sacrés leur plaisir de voler un jour de plus les gouvernements qui subventionnent leur cahute.

Au matin, après le pain-fromage-goutte, raffermis par cette hospitalité gratuite qu'on peut prolonger aussi longtemps que la tempête le permet, on sort. Ce matin, au soleil, la montagne est merveilleuse : plus de vent, toute descente, par les traverses, avec des sauts, des dégringolades kilométriques, qui vous font arriver à Airolo, l'autre côté du tunnel, où la route reprend le caractère alpestre, circulaire et engorgé, mais descendant. C'est le Tessin.

La route est en neige jusqu'à plus de trente kilomètres du Gothard. A trente kilomètres seulement, à Giornico, la vallée s'élargit un peu. Quelques berceaux de vignes et quelques bouts de prés qu'on fume soigneusement avec des feuilles et autres détritus de sapin qui ont dû servir de litière. Sur la route défilent chèvres, bœufs et vaches gris, cochons noirs. A Bellinzona il y a un fort marché de ces bestiaux. A Lugano, à vingt lieues du Gothard, on prend le train et on va de l'agréable lac de Lugano à l'agréable lac de Como. Ensuite, trajet connu.

Cette lettre à sa famille, indépendamment de son intérêt pittoresque, comme elle confirme bien — n'est-ce pas? — cette faculté de son auteur, affirmée plus haut, de se mettre à la portée des esprits avec lesquels il lui faut avoir un commerce!

Abordé en Egypte dans de supportables conditions, Rimbaud ne resta pourtant pas longtemps à Alexandrie.
Un nouvel engagement, trouvé là, lui fit quitter le commerce pour l'industrie, aller dans l'île de Chypre.

Durant six mois on le voit, alors, chef de carrière sous la direction lointaine de messieurs Thial et Cie, dans un endroit de cette île où ce n'est — dit-il — qu'un chaos de rocs avec la rivière et la mer, où il n'y a qu'une maison, pas de terre, pas de jardin, pas un arbre, avec 80 degrés de chaleur en été et 50 en hiver.
Il y contracte de violentes fièvres, et se voit par cela contraint de revenir en France au moyen de ses économies qui étaient considé-

rables, attendu que, sur ses mensualités de 150 francs, il ne dépensait forcément presque rien.

Il laissa de profonds regrets aux ouvriers de l'entreprise, qui l'aimaient à cause de sa bonté, de sa loyauté, de sa justice, autant que pour la charité de son esprit lumineux.

XIII

L'été, en 1879, il est à Roche ; puis, l'hiver, à Charleville.

Les fièvres dont il est ébranlé, la rigueur exceptionnelle du froid de cette année le forçant à garder la chambre, redoublent sa soif d'un soleil ardent, d'horizons vastes, de paysages colorés aux ciels infinis et d'azur sans tare.

Rester toujours dans le même lieu — confiera-il épistolairement — me semblerait un sort très malheureux. Je voudrais parcourir le monde entier qui, en somme, n'est pas si grand.

Au cours de ces voyages héroïques, il n'écrivait plus, c'est vrai, que de rares épistoles à portée, répétons-le, des destinataires; lors de ses retours en Ardenne, à ceux qui le questionnaient sur le propos de Littérature, il assurait définitive sa rupture avec elle. Mais, outre qu'il ne voulait plus contrister sa famille, il parlait pour l'instant ; n'exprimait, supposés ses propos sincères, qu'une impression de sa pensée de l'instant. Pouvait-il, voyons, engager un futur voué par lui-même à l'imprévu ? Il n'avait jadis chanté que par besoin de le faire, d'accord; il ne paraissait plus l'éprouver, ce besoin, auquel avait succédé celui de l'aventure physique. Mais cela entraîne-t-il forcément qu'il ne devait jamais plus vouloir s'attacher au Verbe ? Nous ne saurions l'admettre.

La volonté, en dépit des philosophies et des morales aujourd'hui en cours, n'entre que comme un facteur secondaire dans la destinée des hommes heureusement doués. Supposée, cette volonté, d'action principale — et ce n'est évidemment pas dans le cas surtout instinctif et impulsif qui nous occupe, — est-ce qu'elle n'obéit pas elle-même à la loi de transformation placée par nos modernes savants en base de leurs biologies ?

Alors...

Quoi qu'on essaye de démontrer, quoi qu'on démontre à ce propos, il ne nous apparaîtra pas moins, à nous, que l'appétence si caractéristique de Rimbaud à toujours renouveler ses sensations, son désir inapaisable et sans précédent d'étreindre l'univers, ne pouvaient être que dans le but — volontaire ou non, peu importe — d'un emmagasinement incomparable de poésie, d'un approvisionnement complet d'idées, d'un renouvellement, ensemble, du langage rythmique.

Il faut, pour exprimer de la poésie neuve, en avoir au préalable frémi, en avoir joui, en avoir souffert ; fût-ce par des coulures ataviques.

Et l'imagination aussi est perfectible. Elle dépend toujours d'atmosphères et de suggestions médiévales.

Qu'Arthur Rimbaud, ce prodigieux évolutif, n'ait pas voulu poursuivre dans le genre de ses écrits connus et qui sont tous exclusivement de sa première jeunesse? Mais c'est d'autant plus admirable que ces œuvres le sont déjà, tout simplement, admirables! Il eut contre elles, dit-on et c'est vrai, des gestes de destruction. Quel est le poète qui, devant la publication de choses aperçues imparfaites sous la définitive typographie, n'éprouva le malaise d'un remords?

Enfin et en outre, ce goût de la perfection originale poussé de cette sorte créatrice à un aussi haut degré que chez l'homme qui nous occupe, n'est-ce pas un souci de divinité? Or, nous avons avancé que Rimbaud prétendait à devenir un dieu, quelque verbe fait chair. Pourquoi pas? Poète, prophète, visionnaire, dieu : la progression est logique, nous allions dire naturelle.

A l'époque où nous sommes de sa vie, sachant tout de la Science et des Lettres, il eût voulu tout voir, tout vérifier, tout deviner, tout inventer...

Et ne voilà-t-il pas que cette aspiration constatée à un renouvellement toujours d'action, nous incite à un rapprochement avec cet autre divin, Mallarmé, lequel, ému de semblables impulsions, aigle en cage parmi nous, eut ce puissant coup d'aile :

La chair est triste, hélas ! et j'ai lu tous les livres.
Fuir ! là-bas fuir ! Je sens que des oiseaux sont ivres
D'être parmi l'écume inconnue et les cieux.

Car Rimbaud non seulement avait abdiqué l'art d'autrefois ; aussi bien il avait abandonné, comme maussades et insuffisamment fécondes, les excitations des sens pour le rêve. Il moquait cela même, à présent, en sa vingt-cinquième année.

Non ! non ! non ! Ce jeune homme surprenant ne pouvait imposer silence à sa voix, l'eût-il résolu. Et nous en trouvons, d'ailleurs, comme une preuve dans les lignes suivantes que daigna nous adresser sa sœur, questionnée à ce sujet. On sait que cette personne fut la seule confidente des derniers moments de notre poète :

« Je crois — dit-elle — que la poésie faisait partie de sa nature, que c'est par un prodige de volonté et pour des raisons supérieures qu'il se contraignit à demeurer indifférent à la Littérature ; mais... comment m'expliquer ?... il pensait toujours dans le style des *Illuminations*, avec, en plus, quelque chose d'infiniment attendri et une sorte d'exaltation mystique ; et toujours il voyait des choses merveilleuses. Je me suis aperçue de la vérité très tard, quand il n'a plus eu la force de se contraindre. »

Il tenait la célébrité en complet dédain, méprisant la foule qui en est la dispensatrice. Cela, on doit l'attribuer, pour une part, aux nouvelles lui arrivant, bien malgré lui et par hasard, de Paris : nouvelles qui clamaient le los de gens sus médiocres.

Assurément, il ne pouvait vouloir de leur gloire de mode, indigne de son altier et vaste lui : gloriole plutôt, de clocher, de clan, de cénacle !

Nous l'avons vu : ni la famille, ni le charme de la terre natale, ni les usages d'une société européenne, ni les lois d'un état n'eussent pu le retenir. *La morale* — avait-il écrit — *est la faiblesse de la cervelle*. Jamais, pour cela surtout, il n'eût consenti à entrer dans le bateau glorieux flottant sur la mer d'une civilisation haïe. Et c'était à ce point que, lorsqu'il apprit la publication par Verlaine de ses vers, crus ensevelis dans l'oubli, et le bruit fait autour de son nom à cause d'eux, il fut péniblement impressionné et entra dans une grande colère.

On l'a dit converti au christianisme. Estimant Joseph Prudhomme né avec le Christ « voleur des énergies », comment l'eût-il pu? Aucune formule religieuse isolée, fût-ce la catholique, n'était capable d'enclore ses colossales et inouïes mysticités. Il se sentait de toutes les religions, de tous les pays; une synthèse cosmogonique siégeait en son for intérieur.

Oh! ce que sa parole, définitive, eût proféré, fusion maîtresse de tous les langages, harmonique et d'une éloquence émouvant tout et accédant partout, aurait peut-être régénéré l'âme humaine...

TROISIÈME PARTIE

I

Au mois de mars de l'année 1880, Arthur Rimbaud, guéri des fièvres, retourne en Egypte; d'où, n'ayant trouvé l'emploi de son activité, il s'embarque à nouveau pour Chypre. L'amitié d'un ingénieur anglais lui a fait escompter la poursuite avantageuse de ses pérégrinations, par l'espoir de gains pécuniaires en cette île.

Cette fois, on le voit, non plus, comme en 1878, chef de carrière, sous 80 degrés de chaleur, dans un fond granitique et marmoréen, mais au frais, sur le sommet de la plus haute montagne de Chypre, sur le Troodos. Il est employé comme surveillant à la construction d'un palais destiné au gouverneur général, et il gagne deux cents francs par mois.

Malgré que, dans ces fonctions, il doive — écrivait-il à sa mère — arriver à une bonne position, il ne saurait s'y maintenir. La dépendance, fût-ce envers un ami, lui est impossible ; en même temps, son besoin de voir demeure incompressible

Quelques mois plus tard, en août, après avoir passé le canal de Suez, respiré l'air des contrées bibliques, exploré et interrogé les ports de la Mer Rouge, Djeddah, Souakim, Massaouah, Hodeïdad ; après avoir poussé une pointe seulement interrogante sur l'Abyssinie, il entre dans le golfe d'Aden et débarque au port anglais de ce nom, où, sur la présentation de quelqu'un rencontré à Massaouah il est engagé comme acheteur dans l'établissement français de commerce que dirigent messieurs Mazeran, Viannay, Bardey et dont l'agent, monsieur Dubar, se trouve être un colonel en retraite.

II

Aden — dit-il lui-même — est un roc affreux, sans un brin d'herbe ni une goutte d'eau bonne (on boit de l'eau de mer distillée). La chaleur y est excessive, surtout en juin et septembre, qui sont les deux canicules. La température constante, nuit et jour, d'un bureau très frais et très ventilé est de 35 degrés.

Il gagne peu, là : six à sept francs par jour ; se sent comme prisonnier, et projette un départ pour Zanzibar, qu'il ne verra pas toutefois, parce que, deux mois après son arrivée à Aden, on lui ouvre prochaine la perspective d'un départ au Harrar en qualité d'agent de la compagnie propriétaire du comptoir dont il n'est, maintenant, que l'humble employé.

Acheteur de café et de parfums, il pouvait, en attendant, parcourir, sous un puissant soleil, les fertilités miraculeuses de cette Arabie d'Asie, tour à tour, et ses déserts dont les sables ondoient : paysages augustes en lesquels, parfois, un lion dut contempler avec timidité déférente, à travers l'azur des yeux de Rimbaud, une âme dont la forte beauté inspirait déjà du respect cordial aux arabes et une confiance admirative aux négociants européens qui l'exploitaient.

Tout autre bel aventurier que notre insatiable et sublime Arthur eût été heureux sous autant de chaleur agenouillée et solennelle.

III

Ce n'est qu'en novembre de cette année 1880 qu'il quitta l'extrémité occidentale de l'Asie méridionale pour, par mer naturellement, atteindre la côte orientale de l'Afrique, à Zeilah.

Dans la première quinzaine de décembre, après vingt jours de cheval à travers le dangereux désert du Somal, il arriva à Harrar, ville colonisée par les Égyptiens et dépendante encore de leur gouvernement. Là, par les soins de monsieur Dubar, l'agent général du comptoir d'Arabie, qui l'y avait précédé, il fut mis en possession de son agence. Les appointements étaient de 330 francs par mois; plus la nourriture, tous les frais de voyage et 2 % sur les bénéfices. On saura, par la suite, pourquoi nous précisons ce point des gains.

Avant son départ d'Aden, Rimbaud avait écrit à sa famille pour la prier de lui faire parvenir des ouvrages de science, dont la liste est suggestive. Voici, s'y rapportant, le passage textuel de la lettre :

J'ai à vous demander un petit service qui ne vous gênera guère... C'est un envoi de livres à me faire : j'écris à la maison de Lyon (1) de vous envoyer la somme de cent francs, elle portera cet argent à mon compte. Il n'y a rien de plus simple :
Au reçu de ceci, vous envoyez la note suivante,

---

(1) Succursale du comptoir Mazeran, Viannay et Bardey.

que vous recopiez et affranchissez, à l'adresse : *Lacroix, éditeur, rue des Saints-Pères, Paris.*

« Roche, etc...... M..., veuillez m'envoyer le
« plus tôt possible les ouvrages suivants, inscrits
« sur votre catalogue : *Traité de Métallurgie*; *Hy-*
« *draulique urbaine et agricole; Commandant de*
« *navires à vapeur; Architecture navale; Poudres*
« *et salpêtres; Minéralogie; Maçonnerie,* par Dema-
« net; *Livre de poche du charpentier.* Il existe un
« traité des *Puits artésiens,* par F. Garnier. Je
« vous serais très réellement obligé de me trouver
« ce traité, même s'il n'a pas été édité chez vous,
« et de me donner dans votre réponse une adresse
« de fabricants d'appareils pour forage instantané,
« si cela vous est possible. Votre catalogue porte,
« si je me rappelle, une *Instruction sur l'établis-*
« *sement des scieries :* je vous serais obligé de me
« l'envoyer. Il serait préférable que vous m'envoyas-
« siez par retour du courrier l'avis du coût total de
« ces volumes, en m'indiquant le mode de paiement
« que vous désirez. — Je tiens à trouver le traité
« des *Puits artésiens,* que l'on m'a demandé. On me
« demande aussi le prix d'un ouvrage sur les
« *Constructions métalliques,* que doit porter votre
« catalogue, et d'un ouvrage complet sur toutes
« les matières textiles, que vous m'enverrez, ce
« dernier seulement. — J'attends ces renseigne-
« ments dans le plus bref délai, ces ouvrages

« devant être expédiés à une personne qui doit
« partir de France dans quatre jours. — Si vous
« préférez être payé par remboursement, vous
« pouvez faire cet envoi de suite.

« R..... Roche, etc. »

Là-dessus, vous enverrez la somme qu'on vous
demandera et vous m'enverrez le paquet..... Vous
me demanderez également chez M. Arbey, constructeur, cours de Vincennes à Paris, l'*Album des
scieries forestières et agricoles* que vous avez dû
m'envoyer à Chypre et que je n'ai pas reçu. Demandez à M. Pilter, quai Jemmapes, son grand
Catalogue illustré des machines agricoles, FRANCO.
Enfin, à la librairie Roret : *Manuel du Charron*;
Manuel du Tanneur; *Le parfait Serrurier*, par
Berthaut; *Exploitation des Mines*, par F. Blanc;
Manuel du Verrier; *Manuel du Briquetier*; *Manuel du Potier, du Faïencier*, etc.; *Manuel du Fon-
deur en tous métaux*; *Manuel du Fabricant de bou-
gies*; *Guide de l'Armurier*. Vous regarderez le prix
de ces ouvrages et vous les demanderez contre
remboursement, si cela peut se faire. Et au plus
tôt. J'ai surtout besoin du *Tanneur*. Demandez le
*Catalogue complet de la librairie de l'Ecole cen-
trale*, à Paris. On me demande l'adresse de cons-
tructeurs d'appareils plongeurs; vous pouvez demander cette adresse à Pilter en même temps que

le catalogue des machines. — Je serai fort gêné si tout cela n'arrive pas pour le 11 décembre ; par conséquent, arrangez-vous pour que tout soit à Marseille le 26 novembre. Ajoutez au paquet le *Manuel de Télégraphie*, le *Petit Menuisier* et le *Peintre en bâtiments*.

IV

Grâce à l'initiative intelligente d'Arthur Rimbaud, la succursale de la maison Mazeran, Viannay et Bardey, au Harrar, prospéra rapidement.

Dans ce pays des Gallas, élevé mais fertile, sain et frais, les produits marchands dont on s'occupe, en outre du café et des parfums, sont l'ivoire et l'or venu de très loin. Mais, malgré l'intérêt que pût présenter ce genre de commerce, autant pour ses matières elles-mêmes que pour la façon de se les procurer, notre poète ne s'y borna pas.

Sa curiosité, son activité se portaient aussi vers des buts de civilisation, de moralisation.

Puis, il explora ; appliquant généreusement les sciences étudiées, en quête toujours de neuves sensations.

Instaurer dans ce pays encore barbare une société immédiatement au diapason du progrès européen en ce qu'il a de bon, société dont le le développement devra donner au monde un exemple harmonieux de mœurs : telle semble être une des dominantes préoccupations du Rimbaud d'alors. Il traçait la voie, ouvrait le champ de gloire où les Ilg, les Mondon, plus tard, s'illustreront : instruments des victoires et des conquêtes de Ménélick II.

A la suite des livres scientifiques et de technique dont il vient d'être question, Rimbaud commença à faire venir de France toutes sortes d'instruments, depuis le théodolithe jusqu'au télescope, sans négliger les outils humbles du maçon, du charpentier, du menuisier, etc., etc.; tous objets dont il se servait lui-même avec une singulière adresse.

Son aptitude aux langues, sa faculté d'assimilation aux coutumes devaient fortifier son action.

Il agit de sorte que, après quelques mois d'allées et venues en ce pays d'agriculteurs et de pasteurs, il était déjà considéré comme une providence devant laquelle la haine de l'européen, haine traditionnelle, devait s'abattre. Et c'est ainsi qu'il put, sans encourir de dangers, visiter des contrées qu'aucun œil de blanc n'avait encore osé aller regarder; par exemple Bubassa, grand plateau situé à 50 kilomètres au sud de Harrar et où sa présence opéra jusqu'à — s'en félicite Monsieur Bardey — y créer des marchés.

V

Or, et cela devait être (d'exclusifs trafiquants coloniaux pouvaient-ils, mieux que telles médiocrités parisiennes et littéraires d'antan, comprendre toute la beauté utile des faits et gestes d'Arthur Rimbaud?), les directeurs de la compagnie d'Aden n'approuvaient pas comme il eût fallu. Sans doute, il estimaient perdu le temps employé par leur agent à des œuvres autres que commerciales...

Ils blâmèrent, ces négociants, et ce avec d'autant plus d'acrimonie que les affaires de Rimbaud, ses expéditions, réussissaient à merveille presque toujours, au point de vue des bénéfices pécuniaires.

On le taquine. Il est triste.

Hélas ! — écrivait-il à sa mère, le 25 mai 1881 — je ne tiens pas du tout à la vie ; je suis habitué à vivre de fatigue. Mais si je suis forcé de continuer à me fatiguer comme à présent, et à me nourrir de chagrins aussi véhéments qu'absurdes sous des climats atroces, je crains d'abréger mon existence... Je suis toujours ici aux mêmes conditions ; et, dans trois mois, je pourrais vous envoyer 5000 francs d'économies ; mais je crois que je les garderai pour commencer quelque petite affaire à mon compte dans ces parages-ci, car je n'ai pas l'intention de passer toute mon existence dans l'esclavage... Enfin, puissions-nous jouir de quelques années de vrai repos dans cette vie ; et heureusement que cette vie est la seule, et que cela est évident puisqu'on ne peut s'imaginer une autre vie avec un ennui plus grand qu'en celle-ci !

N'oublions pas, sous cette lettre significative, de rappeler au lecteur la visée parallèle à celle de tout connaître, visée de faire fortune, que, depuis 1875, avait notre poète maudit.

Le goût amer lui demeurait aux lèvres des hontes et des humiliations versées naguère par la pauvreté vécue dans, surtout, ce Paris de modistes aux vénalités pudibondes et jalouses, qui le méprisaient pour sa farouche délicatesse, qui le calomniaient pour sa naïveté audacieuse et impérative de génial enfant. Et l'âpre espoir de prendre un jour sa revanche avec éclat et librement, avec autorité, ne l'abandonnera jamais plus ; et, par suite des circonstances de lieu, devenu un supplice, cet espoir le tuera (nous l'avons avancé, et on va pouvoir le vérifier) dès en vue du port de réalisation. Fatidique bateau ivre, tout de même, là, que ce Rimbaud irrémédiablement voué aux houles du malheur !

VI

Fin 1881, fatigué des tiraillements avec ses directeurs, il donne sa démission d'agent du comptoir à Harrar ; puis, au bout de quelques mois, il retourne à Aden pour rompre ses engagements avec ces messieurs Mazeran, Viannay,

Bardey, et entreprendre quelque chose d'aussi avantageux, mais de moins absurde, de plus intéressant, que le commerce.

C'est d'abord un ouvrage pour la Société de Géographie, sur le Harrar et les Gallas explorés, qu'il projette.

A cet effet, il prie sa famille, à qui il a confié 2500 francs, d'employer cette somme au paiement d'instruments pour l'établissement de cartes, instruments dont il charge son ami Ernest Delahaye de faire l'acquisition à Paris. Mais madame Rimbaud a cru, de sa fâcheuse autorité, devoir placer l'argent de son fils en terrains. Et celui-ci, qui ne veut plus contredire sa mère, est par cela forcé d'ajourner ses projets scientifiques.

Encore, c'est la chasse à l'éléphant qu'il voulait entreprendre, aux Grands-Lacs. Il commençait de former une troupe de chasseurs. Il avait écrit à un fabricant d'armes pour demander celles spéciales en ce genre d'exploits. Pour la même raison que ci-dessus, il est, hélas ! obligé d'abandonner aussi cette idée.

Dans la nécessité, donc, de continuer le trafic et ne pouvant, à cause des troubles actuels d'Egypte, qui s'y sont répercutés, retourner au Harrar, il se résigne à contracter un nouvel engagement avec la « boîte » d'Aden. D'ailleurs ses patrons ont pactisé et offert de sérieux avantages; puis, aussitôt l'arrangement des affaires égyptiennes, il doit aller reprendre la direction de l'agence de Harrar, avec cinq mille francs par an d'appointements, logement, nourriture et déplacements payés.

Il ne cesse, nonobstant, ses études ni ses expériences; il fait venir de Lyon un appareil complet de photographie ainsi que tous les produits nécessaires à la manipulation des épreuves, et sa correspondance avec sa famille, qui lésine, est semée encore de commissions pour l'achat de livres et d'instruments de toutes sortes savantes.

VII

C'est aux premiers mois de l'année 1883 que, le conflit anglo-égyptien apaisé, Rimbaud put, par Zeilah et le désert du Somal, venir rentrer en possession de son agence à Harrar.

Je suis toujours mieux ici qu'à Aden — écrit-il, le 6 mai, à sa famille, en lui demandant de lui lui faire envoyer le Coran et en expédiant des photographies de lui-même par lui-même. — Il y a moins de travail et bien plus d'air, de verdure, etc... J'ai renouvelé mon contrat pour trois ans; mais il se peut que l'établissement ferme bientôt. Le pays n'est pas encore tranquille...

Et son état d'âme, à ce jour, est inattendu.

La solitude — dit-il — est une mauvaise chose ici-bas et je regrette de ne pas être marié et d'avoir une famille à moi. Mais à présent je suis condamné à errer, attaché à une entreprise lointaine ; et tous les jours je perds le goût pour le climat et les manières de vivre et même la langue de l'Europe. Hélas ! à quoi servent ces allées et venues, et ces fatigues, et ces aventures chez des races étranges, et ces langues dont on se remplit la mémoire, et ces peines sans nom, si je ne dois pas, un jour, après quelques années, pouvoir me reposer dans un endroit qui me plaise à peu près et trouver une famille, et avoir au moins un fils que je passe le reste de ma vie à élever à mon idée, à orner et à armer de l'instruction la plus complète qu'on puisse atteindre à notre époque, et que je voie devenir un ingénieur renommé, un homme puissant et riche par la science ? Mais qui sait combien peuvent durer mes jours dans ces montagnes-ci ? Et je puis disparaître au milieu de ces peuplades sans que la nouvelle en ressorte jamais... Vous me parlez de nouvelles politiques. Si vous saviez comme ça m'est indifférent ! Plus de deux ans que je n'ai pas touché un journal. Tous ces débats me sont incompréhensibles à présent. Comme les musulmans, je sais que ce qui arrive arrive, et c'est tout.

Cependant, les affaires de la factorerie allant mal, à cause de la guerre qui vient d'éclater entre l'Egypte et l'Abyssinie, notre paternel (1) Arthur emploie son activité en explorations lointaines et périlleuses, ordonnées par les négociants d'Aden, ses patrons, dont les opérations générales périclitent et qui veulent se rattraper en utilisant, auprès de la Société de Géographie, les aptitudes et la science de leur agent.

« M. Rimbaud — écrivait Monsieur Bardey à

---

(1) Peu après cette date, en 1884, Rimbaud contractera une liaison avec une abyssine, et il vivra maritalement avec elle. Nous nous sommes enquis, auprès des personnes qui à Aden lui ont connu cette femme, sur la façon dont il la traitait; et voici, entre autres, une lettre de renseignements d'autant plus précieux qu'ils sont dictés par la naïveté. La signataire de ce document fut, en Arabie, la servante de monsieur Alfred Bardey et donna des leçons de couture à la compagne de Rimbaud.

« Marseille, le 22 Juillet 1897.

« Monsieur,

« C'est avec plaisir que je réponds à votre lettre. Il est vrai,
« j'allais presque tous les dimanches après dîner chez monsieur
« Rimbaud : j'étais même étonnée qu'il m'autorisât d'aller chez
« lui. Je crois que j'étais bien la seule personne qu'il recevait. Il
« causait très peu ; il me paraissait très bon pour cette femme.
« Il voulait l'instruire ; il me disait qu'il voulait la mettre quel-
« que temps chez les sœurs, à la mission, chez le père *François*,
« et qu'il voulait se marier parce qu'il voulait aller dans l'Abys-
« sinie, et qu'il ne reviendrait en France que lorsqu'il aurait
« gagné une grosse fortune, sinon il ne reviendrait jamais. Il

ladite Société, le 24 novembre 1883 — dirige toutes nos expéditions du Somal et du pays Galla. L'initiative de l'exploration du Wabi, dans le pays d'Ogaden, lui est due. Vous savez sans doute que, dans une expédition parallèle, M. Sacconi, explorateur italien, vient de trouver la mort. M. Sottiro, notre agent, fut retenu quinze jours prisonnier et ne fut mis en liberté qu'après les démarches d'un Ogas, ou grand

« écrivait beaucoup ; il me disait qu'il préparait de beaux ouvra-
« ges. Je ne sais pas par qui j'ai su que tous ses livres et papiers
« avaient été déposés chez la père François : je vous dirai que la
« mémoire me fait beaucoup défaut depuis quelques années.

« Pour quant à cette femme, elle était très douce ; mais elle
« parlait si peu le français que nous ne pouvions guère bien cau-
« ser. Elle était grande et très mince ; une assez jolie figure, des
« traits assez réguliers ; pas trop noire. Je ne connais pas la
« race abyssine : à mon idée je lui trouvai tout à fait la figure
« européenne. Elle était catholique. Je ne me souviens plus de
« son nom. Pendant quelque temps elle avait eu avec elle sa
« sœur. Elle ne sortait que le soir, avec monsieur Rimbaud ; elle
« était habillée à l'européenne, et leur intérieur était tout à fait
« comme les gens du pays. Elle aimait beaucoup fumer la ciga-
« rette.

« Je ne sais pas trop quoi vous dire de plus, car voilà bien
« quatorze ans de cela, et surtout que j'étais très discrète à leur
« égard. Je regrette, monsieur, de ne pouvoir vous donner de
« plus amples renseignements.

« Recevez, monsieur, mes salutations empressées. »

« Françoise Grisard. »

chef, que M. Rimbaud envoya de Harrar pour le délivrer. »

Sur cette expédition au Wabi, notre lecteur sera sans doute satisfait de connaître les pages suivantes, qui l'intéresseront au moins par leur style nu, strict, autoritaire :

Rapport sur l'Ogadine, par M. Arthur Rimbaud, agent de MM. Mazeran, Viannay et Bardey, a Harrar (Afrique-Orientale). (*Communiqué par M. Bardey*). (1)

Harrar, 10 décembre 1883.

Voici les renseignements rapportés par notre première expédition dans l'Ogadine.

Ogadine est le nom d'une réunion de tribus somalies, d'origine et de la contrée qu'elles occupent et qui se trouve délimitée généralement sur les cartes entre les tribus somalies des Habr-Gerhadjis, Doulbohantes, Midjertines et Hawïa au

---

(1) Comptes rendus de la *Société de Géographie*, année 1884. La dite société, presque aussitôt la réception de ce rapport, faisait auprès de son auteur cette démarche, à laquelle sa modestie ne crut pas devoir répondre :

Nord, à l'Est et au Sud. — A l'Ouest, l'Ogadine confine aux Gallas, pasteurs Ennyas, jusqu'au Wabi, et ensuite la rivière Wabi la sépare de la grande tribu Oromo des Oroussis.

« Monsieur ARTHUR RIMBAUD, aux soins obligeants de MM. MAZERAN, VIANNAY et BARDEY, Marseille.

SOCIÉTÉ DE GÉOGRAPHIE
FONDÉE EN 1821
Reconnue d'utilité publique en 1827
BOULV. ST-GERMAIN, 184
PARIS

« *Paris, le 1ᵉʳ Fèvrier 1884.*

« Monsieur,

« La Société de Géographie, de Paris, s'efforce de réunir
« dans ses Albums les portraits des personnes qui se sont
« fait un nom dans les sciences géographiques et dans les
« voyages.

« Elle vous sera reconnaissante de vouloir bien lui
« faire parvenir votre photographie, portant au revers
« l'indication de vos noms et prénoms et les renseigne-
« ments que vous jugeriez convenable d'ajouter, tels que
« le lieu et la date de votre naissance, l'énoncé succinct de
« vos travaux, etc.

« Dans l'espoir que vous voudrez bien accueillir favo-
« rablement cette demande, nous vous prions d'agréer,
« monsieur, l'expression de nos sentiments les plus dis-
« tingués. »

Le Secrétaire-général.   *L'achiviste-bibliothécaire.*
C. MAUNOIR.   JAMES JACKSON.

Il y a deux routes du Harrar à l'Ogadine : l'une, par l'est de la ville vers le Boursouque et au sud du mont Condoudo par le War-Ali, comporte trois stations jusqu'aux frontières de l'Ogadine. C'est la route qu'a prise notre agent, M. Sottiro ; et la distance du Harrar au point où il s'est arrêté dans le Rère-Hersi égale la distance du Harrar à Biocaboula sur la route de Zeilah, soit environ 140 kilomètres. Cette route est la moins dangereuse et elle a de l'eau.

L'autre route se dirige au sud-est du Harrar par le gué de la rivière du Hérer, le marché de Babili, les Wara-Heban et ensuite les tribus pillardes somali-gallas de l'Hawïa.

Le nom de Hawïa semble désigner spécialement des tribus formées d'un mélange de Gallas et de Somalis, et il en existe une fraction au N.-O., en dessous du plateau du Harrar, une deuxième au sud du Harrar sur la route de l'Ogadine, et enfin une troisième très considérable au sud-est de l'Ogadine vers le Sahel, les trois fractions étant donc absolument séparées et apparemment sans parenté.

Comme toutes les tribus somalies qui les environnent, les Ogadines sont entièrement nomades et leur contrée manque complètement de routes ou de marchés. Même de l'extérieur, il n'y a pas spécialement de routes y aboutissant, et les routes tracées sur les cartes, de l'Ogadine à Berberah, Mogdischo (Magadoxo) ou Braoua, doivent indiquer simplement la direction générale du trafic.

L'Ogadine est un plateau de steppes presque sans ondulations, incliné généralement au S.-E. Sa hauteur doit être à peine la moitié de celle (1800 m.) du massif du Harrar.

Son climat est donc plus chaud que celui du Harrar. Elle aurait, paraît-il, deux saisons de pluies; l'une en octobre, et l'autre en mars. Les pluies sont alors fréquentes, mais assez légères.

Les cours d'eau de l'Ogadine sont sans importance. On nous en compte quatre, descendant tous du massif de Harrar : l'un, le Fanfan, prend sa source dans le Condoudo, descend par le Boursouque (ou Barsoub), fait un coude dans toute l'Ogadine, et vient se jeter dans le Wabi au point nommé Faf, à mi-chemin de Mogdischo; c'est le cours d'eau le plus apparent de l'Ogadine. Deux autres petites rivières sont: le Hérer, sortant également du garo Condoudo, contournant le Babili et recevant, à quatre jours sud du Harrar dans les Enny , le Gobeiley et le Moyo descendus des Alas, puis se jetant dans le Wabi en Ogadine, au pays de Nokob; et la Dokhta, naissant dans le Wara Heban (Babili) et descendant au Wabi, probablement dans la direction du Hérer.

Les fortes pluies du massif Harrar et du Boursouque doivent occasionner dans l'Ogadine supérieure des descentes torrentielles passagères et de légères inondations qui, à leur apparition, appellent les goums pasteurs dans cette direction. Au temps de la sécheresse il y a, au contraire, un mouvement général de retour des tribus vers le Wabi.

L'aspect général de l'Ogadine est donc la steppe d'herbes hautes, avec des lacunes pierreuses ; ses arbres, du moins dans la partie explorée par nos voyageurs, sont tous ceux des déserts somalis : mimosas, gommiers, etc. Cependant, aux approches du Wabi, la population est sédentaire et agricole. Elle cultive d'ailleurs presque uniquement le dourah et emploie même des esclaves originaires des Aroussis et autres Gallas d'au delà du fleuve. Une fraction de la tribu des Malingours, dans l'Ogadine supérieure, plante aussi accidentellement du dourah, et il y a également de ci de là quelques villages de Cheikhaches cultivateurs.

Comme tous les pasteurs de ces contrées, les Ogadines sont toujours en guerre avec leurs voisins et entre eux-mêmes.

Les Ogadines ont des traditions assez longues de leurs origines. Nous avons seulement retenu qu'ils descendent tous primitivement de Rère Abdallah et Rère Ishay (*Rère* signifie : enfants, famille, maison ; en galla, on dit *Warra*). Rère Abdallah eut la postérité de Rère Hersi et Rère Hammadèn : ce sont les deux principales familles de l'Ogadine supérieure.

Rère Ishay engendra Rère Ali et Rère Aroun. Ces *rères* se subdivisent ensuite en innombrables familles secondaires. L'ensemble des tribus visitées par M. Sottiro est de la descendance Rère Hersi, et se nomment Malingours, Aïal, Oughas, Sementar, Magan.

Les différentes divisions des Ogadines ont à leur tête des chefs nommés *oughaz*. L'oughaz de Malingour, notre ami Amar Hussein, est le plus puissant de l'Ogadine supérieure, et il paraît avoir autorité sur toutes les tribus entre l'Habr-Gerhadji et le Wabi. Son père vint au Harrar du temps de Raouf Pacha qui lui fit cadeau d'armes et de vêtements. Quant à Amar Hussein, il n'est jamais sorti de ses tribus où il est renommé comme guerrier, et il se contente de respecter l'autorité égyptienne à distance.

D'ailleurs, les Egyptiens semblent regarder les Ogadines, ainsi du reste que tous les Somalis et Dankalis, comme leurs sujets ou plutôt leurs alliés naturels, en qualité de musulmans, et n'ont aucune idée d'invasion sur leurs territoires.

Les Ogadines, du moins ceux que nous avons vus, sont de haute taille, plus généralement rouges que noirs; ils gardent la tête nue et les cheveux courts, se drapent de robes assez propres, portent à l'épaule la *sigada*, à la hanche le sabre et la gourde des ablutions, à la main la canne, la grande et la petite lance, et marchent en sandales.

Leur occupation journalière est d'aller s'accroupir en groupes sous les arbres, à quelque distance du camp, et, les armes en main, de délibérer indifféremment sur leurs divers intérêts de pasteurs. Hors de ces séances et aussi de la patrouille à cheval pendant les abreuvages et les razzias chez leurs voisins, ils sont complètement inactifs. Aux enfants et aux femmes est laissé le soin des bestiaux, de la confection des ustensiles de ménage, du dressage des huttes, de la mise en route des caravanes. Ces ustensiles sont les vases à lait connus du Somal, et les nattes des chameaux qui, montées sur des bâtons, forment les maisons des *gacias* (villages) passagères.

Quelques forgerons errent par les tribus et fabriquent les fers de lances et poignards.

Les Ogadines ne connaissent aucun minerai chez eux.

Ils sont musulmans fanatiques. Chaque camp a son iman qui chante la prière aux heures dues. Des *wodads* (lettrés) se trouvent dans chaque tribu; ils connaissent le Coran et l'écriture arabe et sont poètes improvisateurs.

Les familles ogadines sont fort nombreuses. L'*abban* de M. Sottiro comptait soixante fils et petits-fils. Quand l'épouse d'un Ogadine enfante, celui-ci s'abstient de tout commerce avec elle jusqu'à ce que l'enfant soit capable de marcher seul. Naturellement, il en épouse une ou plusieurs autres dans l'intervalle, mais toujours avec les mêmes réserves.

Leurs troupeaux consistent en bœufs à bosse, moutons à poil ras, chèvres, chevaux de race inférieure, chamelles laitières, et enfin en autruches dont l'élevage est une coutume de tous les Ogadines. Chaque village possède quelques douzaines d'autruches qui paissent à part, sous la garde des enfants, se couchent même au coin du feu dans les huttes, et, mâles et femelles, les cuisses entravées, cheminent en caravanes à la suite des chameaux dont elles atteignent presque la hauteur.

On les plume trois ou quatre fois par an, et chaque fois on en retire environ une demi livre de plumes noires et une soixantaine de plumes blanches. Les possesseurs d'autruches les tiennent en grand prix.

Les autruches sauvages sont nombreuses. Le chasseur, couvert d'une dépouille d'autruche femelle, perce le mâle qui s'approche.

Les plumes mortes ont moins de valeur que les plumes vivantes. Les autruches apprivoisées ont été capturées en bas âge, les Ogadines ne laissant pas les autruches se reproduire en domesticité.

Les éléphants ne sont ni fort nombreux, ni de forte taille, dans le centre de l'Ogadine. On les chasse cependant sur le Fanfan et leur vrai rendez-vous, l'endroit où ils vont mourir, est toute la rive du Wabi. Là, ils sont chassés par les Dônes, peuplade somalie mêlée de Gallas et de Souahelis agriculteurs et établis sur le fleuve. Ils chassent à pied et tuent avec leurs énormes lances. Les Ogadines chassent à cheval: tandis qu'une quinzaine de cavaliers occupent l'animal au front et sur les flancs, un chasseur éprouvé tranche, à coups de sabre, les jarrets de derrière de l'animal.

Ils se servent également de flèches empoisonnées. Ce poison, nommé *ouabay*, et employé dans le Somal, est formé des racines d'un arbuste pilées et bouillies. Nous vous en envoyons un fragment. Au dire des Somalis, le sol des alentours de cet arbuste est toujours couvert de dépouilles de serpents, et tous les autres arbres se dessèchent autour de lui. Ce poison n'agit d'ailleurs qu'assez lentement, puisque les indigènes blessés par ces flèches (elles sont aussi armes de guerre) tranchent la partie atteinte et restent saufs.

Les bêtes féroces sont assez rares en Ogadine. Les indigènes parlent cependant de serpents, dont une espèce à cornes et dont le souffle même est mortel. Les bêtes sauvages les plus communes sont les gazelles, les antilopes, les girafes, les rhinocéros dont la peau sert à la confection des boucliers. Le Wabi a tous les animaux des grands fleuves : éléphants, hippopotames, crocodiles, etc.

Il existe chez les Ogadines une race d'hommes regardée comme inférieure et assez nombreuse, les *Mitganes* (Tsiganes); ils semblent tout à fait appartenir à la race somalie dont il parlent la langue. Ils ne se marient qu'entre eux. Ce sont eux surtout qui s'occupent de la chasse des éléphants, des autruches, etc. Ils sont répartis entre les tribus et, en temps de guerre, réquisitionnés comme espions et alliés. L'Ogadine mange l'éléphant, le chameau et l'autruche, et le Mitgane mange l'âne et les animaux morts, ce qui est un péché.

Les Mitganes existent et ont même des villages fort peuplés chez les Dankalis de l'Hawache, où ils sont renommés chasseurs.

Une coutume politique et une fête des Ogadines est la convocation des tribus d'un certain centre, chaque année, à jours fixes.

La justice est rendue en famille par les vieillards et en général par les oughaz.

A. R.

VIII

Enfin, la compagnie d'Aden, à la suite de pertes énormes subies dans des affaires distinctes de celles d'Afrique, est obligée de cesser le commerce. L'agence du Harrar se trouve ainsi supprimée. Et Rimbaud se revoit sans emploi, dans le port anglais de l'Arabie; puis obligé d'errer, en traînant avec soi un pécule de quarante mille francs qu'il ne peut dépenser ni augmenter, mais qu'il lui faut surveiller perpétuellement.

Quelle existence désolante — s'écrie-t-il — je mène sous ces climats absurdes et dans ces conditions insensées! Quel ennui! Quelle vie bête! Que fais-je ici, moi?... Et qu'irais-je chercher ailleurs?... Avec mes économies, je pourrais me reposer un peu, après de longues souffrances; et non seulement je ne puis rester un jour sans travail, mais je ne puis jouir de mon gain !

Il rentrerait bien en France. Mais — croit-il — le service militaire le guette, et il ne veut, à aucun prix, de l'uniforme du soldat.

Et toujours, toujours, dans ses lettres, qui se succèdent lamentables, des réclamations de livres.

Il se plaint des métiers idiots exercés là-bas ; il se plaint aussi de la médiocrité des européens avec lesquels il est obligé de fréquenter :

Ah ! qu'il arrive le jour où je pourrai sortir de l'esclavage et avoir assez de rentes pour ne faire qu'autant et que ce qu'il me plaira ! — écrit-il d'Aden encore, le 29 mai 1884.

Un mois après, monsieur Bardey reprenait seul les affaires de la Cie Mazeran, Viannay et Bardey. Rimbaud, à la date du 1er juillet, se trouve réemployé pour six mois au comptoir d'Aden.

Des causes politiques font toujours que les affaires marchent péniblement. Il s'en plaint en ces termes, le 30 décembre 1884 :

C'est justement les Anglais avec leur absurde politique qui minent à présent le commerce de toutes ces côtes. Ils ont voulu tout remanier, et ils sont arrivés à faire pire que les Égyptiens et les Turcs qu'ils ont ruinés. Leur Gordon est un idiot, leur Wolseley un âne, et toutes leurs entreprises une suite insensée d'absurdités et de déprédations. Pour les nouvelles du Soudan, nous n'en savons pas plus qu'en France ; il ne vient personne de l'Afrique, tout est désorganisé, et l'administration anglaise d'Aden n'a intérêt qu'à annoncer des mensonges... La France aussi vient faire des bêtises de ce côté-ci : on a occupé, il y a un mois, la baie de Tadjourah, pour occuper ainsi les têtes de routes du Harrar et de l'Abyssinie. Mais ces côtes sont absolument désolées ; les frais qu'on fait là sont tout à fait inutiles, si on ne peut pas s'avancer prochainement vers les plateaux de l'intérieur qui sont alors de beaux pays très sains et productifs. Je crois qu'aucune nation n'a une politique coloniale aussi inepte que la France. Si l'Angleterre commet des fautes et fait des frais, elle a au moins des intérêts sérieux et des perspectives importantes. Mais nul pouvoir ne sait gâcher ses forces et son argent en pure perte, dans des endroits impossibles, comme le fait la France.

Ses six mois d'engagement écoulés, le 1ᵉʳ janvier 1885 il recontracte pour un an, bien que la marche des affaires ne s'améliore point.

Son travail consiste à faire des achats de café, de gommes, d'encens, de plumes d'autruches, d'ivoire, de cuirs secs, de girofles, etc.

Les années se passent, je mène une existence stupide ; je n'amasse pas de rentes, je n'arriverai jamais à ce que je voudrais dans ces pays, — écrit-il le 15 janvier.

Et, à sa mère, qui l'engageait à revenir en France :

Les gens qui ont passé quelques années ici — dit-il — ne peuvent plus passer l'hiver en Europe ; ils crèveraient tout de suite par quelque fluxion de poitrine. Si je reviens, ce ne sera donc qu'en été, et je serai forcé de redescendre, l'hiver au moins, vers la Méditerranée. En tout cas, ne comptez pas que mon humeur deviendrait moins vagabonde. Au contraire. Si j'avais le moyen de voyager, sans être forcé de séjourner pour travailler et gagner l'existence, on ne me verrait pas deux mois à la même place. Le monde est plein de contrées magnifiques que les existences réunies de mille hommes ne suffiraient pas à visiter. Mais, d'un autre côté, je ne voudrais plus vagabonder dans la misère. Je voudrais avoir quelques milliers de francs de rente et pouvoir passer l'année dans deux ou trois contrées différentes, en vivant modestement et en m'occupant d'une façon intelligente à quelques travaux intéressants. Mais... l'on va plutôt où l'on ne veut pas, l'on fait plutôt ce qu'on ne voudrait pas faire, et l'on vit et l'on décède tout autrement qu'on ne le voudrait jamais, sans espoir d'aucune espèce de compensation.

Les choses de la politique internationale l'inquiétent toujours, qui lui interdisent d'amasser la fortune voulue aussi vite qu'il le faudrait :

Les affaires sont très difficiles et je vis aussi simplement que possible pour tâcher de sortir d'ici avec quelque chose. Tous les jours je suis occupé de 7 heures à 5 heures et je n'ai jamais un jour de repos. Quand cette vie finira-t-elle ?... Qui sait, on nous bombardera peut-être prochainement ? Les Anglais se sont mis toute l'Europe à dos. La guerre est commencée en Afganistan; et les Anglais ne finiront qu'en cédant provisoirement à la Russie ; et la Russie, après quelques mois, reviendra à la charge sur eux... Au Soudan, l'expédition de Kartoum a battu en retraite, et, comme je connais ces climats, elle doit être fondue aux deux tiers... Du côté de Souakim, je crois qu'ils ne s'avanceront pas pour le moment, avant de voir comment tourneront les affaires de l'Inde. D'ailleurs ces déserts sont infranchissables de mai à septembre pour des armées à grand train... A Obock, la petite administration française s'occupe à banqueter et licher les fonds du gouvernement qui ne fera jamais rendre un sou à cette affreuse colonie colonisée jusqu'ici par une douzaine de flibustiers seulement... Les Italiens sont venus se fourrer à Massaouah, personne ne sait comment; il est probable qu'ils auront à l'évacuer, l'Angleterre ne pouvant plus rien faire pour eux... Ici, à Aden, en prévision des guerres, on refait tout le système des fortifications. Ça me ferait plaisir de voir réduire cet endroit en poudre... mais pas quand j'y suis. D'ailleurs, j'espère bien n'avoir plus guère de mon existence à dépenser dans ce sale lieu (14 avril 1885).

IX

Vous ne vous figurez pas du tout l'endroit — écrit-il le 28 septembre. — Il n'y a aucun arbre ici, même desséché, aucun brin d'herbe, aucune parcelle de terre; pas une goutte d'eau douce.

Aden est un cratère de volcan éteint et comblé par le sable de la mer. On n'y voit et on n'y touche donc absolument que des laves et du sable qui ne peuvent produire le plus menu végétal. Les environs sont un désert de sable absolument aride. Mais ici les parois du cratère empêchent l'air d'entrer, et nous rôtissons au fond de ce trou comme dans un four à chaux. Il faut être victime de la fatalité pour s'employer dans des enfers pareils. Enfin ! Il me suffirait de ramasser ici une somme raisonnable pour vivre, et ensuite je me livrerais à des occupations intelligentes.

Et toujours les affaires ne vont pas ! Il s'impatiente, s'irrite, veut partir pour l'Inde, pour le Tonkin, au canal de Panama.

Finalement, en octobre de cette année 1885, il résilie son contrat commercial :

Quand vous recevrez ceci, je me trouverai probablement à Tadjourah, sur la côte du Dankali annexée à la colonie d'Obock. J'ai quitté mon emploi d'Aden après une violente discussion avec ces ignobles pignoufs qui prétendaient m'abrutir à perpétuité. J'ai rendu beaucoup de services à ces gens, et ils s'imaginaient que j'allais, pour leur plaire, rester ici toute ma vie. Ils ont tout fait pour me retenir ; mais je les ai envoyés au diable avec leurs avantages et leur commerce et leur affreuse maison et leur sale ville. Sans compter qu'ils m'ont toujours suscité des ennuis et qu'ils ont toujours cherché à me faire perdre quelque chose. Enfin qu'ils aillent au diable ! Il me vient quelques milliers de fusils d'Europe : je vais former une caravane et porter cette marchandise à Ménélick, roi du Choa. Si cette affaire réussit, vous me verrez rarriver en France vers l'automne de 1886 pour acheter de nouvelles marchandises moi-même. Si je pouvais, après trois ou quatre ans, ajouter une centaine de mille francs à ce que j'ai déjà, je quitterais avec bonheur ces malheureux pays.

QUATRIÈME PARTIE

I

Monsieur Alfred Bardey, le négociant d'Aden quitté maussadement à la fin de cette année 1885, a, malgré tout, écrit, sur son employé Rimbaud, ceci :

« Son premier but était d'acquérir par le commerce la petite fortune nécessaire à son indépendance. Par amour de l'inconnu et par tempérament, il absorbait avidement les choses intellectuelles des pays qu'il traversait, apprenait les langues, au point de pouvoir les professer dans la contrée même, et s'assimilait autant que possible les usages et les coutumes des indigènes. Il a été un des premiers pionniers au Harrar. » (*Comptes rendus de la Société de Géographie*).

Puis cela :

« Je crois pouvoir ajouter que son esprit caustique et mordant lui fit beaucoup d'ennemis. Il ne sut jamais se débarrasser de ce pauvre et méchant masque satirique qui cachait cependant les réelles qualités de son cœur. Il égratignait beaucoup, et ne fit jamais grand mal, si ce n'est à lui-même par repercussion de ses cruelles moqueries dont certains voyageurs du Choa et du Harrar paraissent conserver encore le mauvais souvenir. Il était très serviable et charitable, surtout envers ces pauvres expatriés partis à l'aventure dans l'espoir d'une fortune rapide et qui, complètement déçus et brisés, ne demandent plus qu'à rentrer le plus vite au pays. Sa charité, très discrète et large, fut probablement une des bien rares choses qu'il fit sans ricaner ou crier à l'écœurement. » (Lettre à nous adressée le 10 juillet 1897).

D'autre part, le célèbre explorateur Jules Borelli nous écrit de Marseille, modestement :

« Permettez-moi de vous dire que je me crois très médiocre observateur et très incapable de juger exactement un homme de la valeur de Rimbaud. Je vais vous dire cependant, comme il m'en souvient, ce que j'ai vu et ce qui

m'a paru. J'ai connu Rimbaud en premier lieu
à Aden, et je me suis senti aussitôt attiré vers
lui. Sa manière d'être, que les uns trouvaient
grotesque, les autres d'une originalité cher-
chée, était simplement le résultat de son caractère indépendant et assez misanthropique.
Il me semblait que Rimbaud devait avoir eu des
déboires dans sa vie antérieure et que son caractère avait dû être changé par quelques-uns
de ces malheurs qui vous laissent une marque
indélébile; — je dis, mais je n'en sais rien; car,
malgré les longues heures passées ensemble,
jamais je ne lui ai rien demandé ayant trait à
sa vie antérieure, jamais il ne m'en a rien dit.
Pourquoi nous trouvions-nous agréablement
ensemble? Nous avions sur certaines choses ca-
pitales des idées absolument opposées; notre
but, en voyageant, était très différent; lui voya-
geait pour son commerce, moi je voyageais pour
la Science et par curiosité. Combien la Science
aurait été mieux servie, si les rôles eussent été
intervertis!... Je vois encore Rimbaud s'occupant de ses affaires très rondement, très simplement. Les indigènes (Rimbaud les préférait
aux européens) venaient volontiers vers lui
parce que, comme il connaissait leur langue, ils

pouvaient causer; et ils étaient sûrs de le trouver toujours d'un esprit égal. Il était très curieux à observer, cependant, quand, après une affaire faite, il congédiait son homme en le regardant narquoisement puis riant à demi en me jetant un coup d'œil amusant. Certainement, il ne faisait pas ce métier par amour; mais sa nature d'élite faisait que, sans le vouloir, il avait tout de suite compris la manière de faire avec les indigènes. Au Choa, tout en demeurant négociant, Rimbaud avait su, par sa droiture et son caractère, imposer le respect aux chefs abyssins. »

Encore qu'ils soient, dirait-on, de qualité étrangère à notre sujet; il nous a semblé, pour notre garantie, utile de présenter ces témoignages rétrospectifs mais oculaires et qui, dans leur mesure, approuvent bien ce que jusqu'ici nous avons prétendu à l'égard des projets, de l'action et des buts d'Arthur Rimbaud, en Arabie et en Afrique.

Pénétrons, à présent, dans la dernière période de sa vie extraordinaire.

Cette période inimaginablement cruelle en

débats, en luttes malheureuses et en désespérances, nous ne l'abordons pas sans effroi; puis, dès le seuil, sans haine pour la martyrisante fatalité à laquelle on doit voir en proie le plus noble des grands, le meilleur des bons, celui qu'avec Verlaine il faut évidemment proclamer « dieu parmi les demi-dieux! »

II

Ce n'est qu'en janvier 1886 que, de concert avec Pierre Labatut, un négociant français du Choa, Rimbaud put, à Tadjourah, commencer d'organiser sa caravane porteuse d'armes de guerre.

Ce Tadjourah-ci — écrit-il — est annexé depuis un an à la colonie française d'Obock. C'est un petit village dankali avec quelques mosquées et quelques palmiers. Il y a un fort construit jadis par les Égyptiens et où dorment à présent six soldats français sous les ordres d'un sergent commandant le poste. On a laissé au pays son petit sultan et son administration indigène. C'est un protectorat. Le commerce du lieu est le trafic des esclaves. D'ici partent les caravanes des européens pour le Choa, très peu de chose ; et l'on ne passe qu'avec de grandes difficultés, les indigènes de toutes ces côtes étant devenus ennemis des européens depuis que l'amiral anglais Hewet a fait signer à l'empereur Jean du Tigré un traité abolissant la traite des esclaves, le seul commerce indigène un peu florissant. Sous le protectorat français, on ne cherche pas à gêner la traite. N'allez pas croire cependant que je sois devenu marchand d'esclaves !... Les gens de la route, les dankalis, sont des pasteurs bédouins et musulmans fanatiques ; ils sont à craindre... Une fois la rivière Hawache passée, on entre dans les domaines du puissant roi Ménélick. Là, ce sont des agriculteurs chrétiens ; le pays est très élevé, jusqu'à 3000 mètres au-dessus de la mer ; le climat est excellent ; la vie est absolument pour rien ; tous les produits de l'Europe poussent ; on est bien vu de la population.

En dépit de l'intelligence expérimentée de

Rimbaud et malgré qu'il eût consacré à cette expédition tout son avoir d'économies pécuniaires, l'organisation de la caravane, à cause surtout du mauvais état des affaires de Labatut, subit des lenteurs irritantes ; contrecarrée qu'elle était aussi par une sorte de bande noire de négociants européens, établis, quasi-officiellement et depuis des années, dans ces contrées.

Pourtant, au bout de six mois tout est arrangé, tout est prêt.

Voici qu'au moment du départ, Labatut tombe gravement malade ; puis, c'est Paul Soleillet, devant aussi accompagner Rimbaud, qui meurt subitement à Aden, le 9 septembre.

Et notre Arthur se trouve obligé de partir seul, responsable de la personnalité commerciale de Pierre Labatut.

La caravane, porteuse de fusils, se lève et le suit.

III

Hélas! après six mois de marche dans des pays impossibles, parmi des broussailles et des bois de mimosas peuplés de bêtes féroces, s'il arrive à Entotto, c'est pour y couronner ses déboires d'une déception.

Ménélick lui refuse l'achat d'une forte part de ses fusils : car la bande noire précitée a agi pour que cela fût.

Puis il faut à Rimbaud payer deux fois les dettes de son associé Pierre Labatut, qui vient de mourir en France d'un cancer au cou. (1)

---

(1) MM. Paul Soleillet, Chefneux, A. Deschamps, Eloy Pino et d'autres, à des titres peu divers, en des temps peu divers, de façons peu diverses, furent mêlés à cette affaire Labatut. Ce n'est ici le lieu de déterminer la part de responsabilité morale de chacun de ces négociants dans le désastre de la caravane

Enfin, ayant à grand peine réussi à sauver à peu près les fonds qu'il avait placés dans l'affaire, d'Entotto, par Harrar, il remonte au Caire afin de s'y reposer des horribles fatigues qu'il vient de subir sans fruit. Là, il se constate grisonnant et tourmenté d'affreux rhuma-

---

Rimbaud. Par des témoignages cités précédemment, on comprend leur attitude en face de celui-ci. Le document officiel ci-dessous, nous suggérera la qualité de leur hostilité:

VICE-CONSULAT DE FRANCE   *Aden, 6 Novembre 1897.*

ADEN

« Monsieur,

« J'ai l'honneur de vous accuser réception de la lettre
« que vous m'avez adressée le 3 de ce mois, contenant
« l'exposé détaillé que je vous avais demandé des comptes
« et opérations divers composant et établissant la liqui-
« dation de la caravane Labatut que vous aviez accepté, à
« des conditions bien spécifiées, de conduire et de négo-
« cier au Choa.

« J'ai constaté, Monsieur, par les comptes que vous
« m'avez transmis dans votre lettre, enregistrée au Vice-
« Consulat sous le n° 552, qu'en effet cette opération com-
« merciale avait été désastreuse pour vous et que vous
« n'aviez pas hésité à sacrifier vos propres droits pour
« satisfaire les nombreux créanciers de feu M. Labatut;
« mais j'ai dû reconnaître aussi, en m'en rapportant à la
« déclaration des Européens venus du Choa et dont vous
« avez invoqué le témoignage, que vos pertes auraient
« peut-être été moins sensibles si, comme les autres né-

tismes, a la sensation que son existence périclite.

Figurez-vous — écrit-il à sa famille — comment on doit se porter après des exploits du genre des suivants : traversée de mer en barque et voyages de terre à cheval, sans vivres, sans vêtements, sans eau, etc., etc. Je suis excessivement fatigué, je m'ennuie à mort ; je n'ai rien à faire, j'ai peur de perdre le peu que j'ai. Figurez-vous que je porte continuellement dans ma ceinture quarante et des mille francs d'or ; ça pèse une vingtaine de kilos et ça me flanque la dysenterie. Pourtant je ne puis aller en Europe, pour bien des raisons : d'abord, je mourrais en hiver ; ensuite, je suis trop habitué à la vie errante, libre et gratuite ; enfin je n'ai pas de

---

« gociants appelés à trafiquer avec les autorités abyssines,
« vous aviez su ou pu vous plier à des exigences particu-
« lières à ces pays et à leurs chefs.

« Votre compte de liquidation énumérant divers paie-
« ments faits par vous et pour lesquels il vous a été donné
« des reçus, il conviendrait que ces pièces fussent jointes
« au dit compte ; on pourrait en outre, pour votre
« décharge, vous en délivrer des copies certifiées con-
« formes et légalisées.

« Veuillez agréer, Monsieur, l'assurance de ma considé-
« ration distinguée.
    « E. DE GASPARY.

« *Monsieur Rimbaud, négociant à Aden (poste-restante).* »

position. Je dois donc passer le reste de mes jours à errer dans les fatigues et les privations, avec l'unique perspective de mourir à la peine. Je ne resterai pas longtemps ici : je n'ai pas d'emploi. Par force je devrai m'en retourner du côté du Soudan, de l'Abyssinie ou de l'Arabie. Peut-être irai-je à Zanzibar, d'où l'on peut faire de longs voyages en Afrique, et peut-être en Chine, au Japon, qui sait où ?

Voici du reste, intégralement, l'intéressante lettre que, dans le même temps, il écrivait à le son ancien patron d'Aden, avec lequel, avant le départ de Tadjourah, il avait cru devoir renouer des relations :

Le Caire, 26 août 1887.

Mon cher Monsieur Bardey,

Sachant que vous vous intéressez toujours aux choses de l'Afrique, je me permets de vous envoyer les quelques notes suivantes sur les choses du Choa et du Harrar à présent.
La route dankalie est tout à fait impraticable ; les fusils Soleillet, arrivés à Tadjourah en février 86,

sont encore là. — Le sel du lac Assal, qu'une société devait exploiter, est inaccessible et serait d'ailleurs invendable : c'est une flibusterie.

Mon affaire a très mal tourné, et j'ai craint quelque temps de redescendre sans un thaler; je me suis trouvé assailli là-haut par une bande de faux créanciers de Labatut, et en tête Ménélick, qui m'a volé en son nom 3000 thalaris (1). Pour éviter d'être intégralement dévalisé, je demandai à Ménélick de me faire payer au Harrar, qu'il venait d'annexer : il me donna une traite genre Choa, sur son oukil au Harrar, le dedjatch Makonnen.

Ce n'est que quand j'eus demandé à Ménélick de passer par cette route que monsieur Borelli eut l'idée de se joindre à moi. Voici l'itinéraire :

1° D'Entotto à la rivière Akaki, plateau cultivé. — 25 kilomètres.

2° Village galla des Abitchon. — 30 kilomètres. Suite du plateau : hauteur, environ 2500 mètres. On marche, avec le mont Hérer au sud.

3° Suite du plateau. On descend à la plaine du Mindjar par le Chankora. Le Mindjar a un sol riche soigneusement cultivé. L'altitude doit être 1800

---

(1) Le thaler, qu'une coutume des négociants d'Afrique pluraralise *thalaris*, est la monnaie d'Autriche qui vaut environ 3 fr. 75.

mètres. (Je juge de l'altitude par le genre de végétation. Il est impossible de s'y tromper, pour peu qu'on ait voyagé dans les pays éthiopiens.) Longueur de cette étape : 25 kilomètres.

4° Suite du Mindjar. — 25 kilomètres. Même culture. Le Mindjar manque d'eau. On garde l'eau des pluies dans des trous.

5° Fin du Mindjar. La plaine cesse, le pays s'accidente. Le sol est moins bon. Cultures nombreuses de coton. — 30 kilomètres.

6° Descente au Cassam. Plus de cultures. Bois de mimosas traversés par la route frayée par Ménélick et déblayée sur une largeur de 10 mètres. — 25 kilomètres.

7° On est en pays bédouin, en Konolla ou terre chaude. Broussailles et bois de mimosas peuplés d'éléphants et de bêtes féroces. La route du roi se dirige vers une source d'eau chaude, nommée Fil-Ouaha, et l'Hawache. Nous campons dans cette direction, à 30 kilomètres du Cassam.

8° De là à l'Hawache, 20 kilomètres. L'Hawache est très encaissé à ce passage. Toute la région des deux côtés de l'Hawache, à deux jours et demi, se nomme Careyou : tribus gallas bédouines, propriétaires de chameaux et autres bestiaux, en guerre avec les Aroussis. Hauteur du passage de l'Hawache : environ 800 mètres. 80 centimètres d'eau.

9° Au delà de l'Hawache, 30 kilomètres de brousse. On marche par les sentiers des éléphants.

10° Nous remontons rapidement à l'Iton par des sentiers ombragés. Beaux pays boisés, peu cultivés. Nous nous retrouvons vite à 2000 mètres d'altitude. Halte à Galamso, poste abyssin de trois à quatre cents soldats au dedjatch Woldé Guibie. — 35 kilomètres.

11° De Galamso à Boroma, poste de mille soldats au ras Dargué. — 30 kilomètres. Très beau pays cultivé. Quelques plantations de café. Les cultures de l'Abyssinie sont remplacées par le dourah. Altitude : 2200 mètres.

12° Suite du Tchertcher. Magnifiques forêts. Un lac, nommé Arro. On marche sur la crête d'une chaîne de collines. L'Aroussi est à droite, parallèle à notre route, plus élevé que l'Iton ; ses grandes forêts et ses belles montagnes sont ouvertes en panorama. Halte à un lieu nommé Wotcho. — 30 kilomètres.

13° — 15 kilomètres jusqu'à la maison du cheikh Sahia, à Goro. Nombreux villages. C'est le centre des itous où se rendent les marchands du Harrar et ceux de l'Abyssinie qui viennent vendre des chammas. Il y a là beaucoup de familles abyssines musulmanes.

14° — 20 kilomètres. Herna. Splendides vallées

couronnées de forêts à l'ombre desquelles on marche. Caféiers. C'est là qu'Abdullahi avait envoyé quelques turcs déloger un poste abyssin, fait qui causa la mise en marche de Ménélick.

15° Bourka. Vallée nommée ainsi d'une rivière ou torrent à fort débit qui descend à l'Ennya. Forêts étendues. — 30 kilomètres.

16° Oborra. Pays boisé, accidenté, calcaire, pauvre. — 30 kilomètres.

17° Chalanko, champ de bataille de l'Emir. Meta, forêts de pins. Warabelly. Meta doit être le point le plus haut de toute la route, peut-être 2600 mètres. Longueur de l'étape : 30 kilomètres.

18° Lac de Iabotha, lacs de Harramaïa. Harrar — 40 kilomètres.

La direction générale : entre N.-N.-E. et S.-S.-E, il m'a paru.

C'est la route avec un convoi de mules chargées ; mais les courriers la font en dix jours à pied.

Au Harrar, les Amara procèdent comme on sait, par confiscation, extorsions, razzias ; c'est la ruine du pays. La ville est devenue un cloaque. Les européens étaient consignés en ville jusqu'à notre arrivée ! Tout cela de la peur que les Abyssins ont des Anglais. — La route Issa est très bonne, et la route de Gueldessey à Hérer aussi.

Il y a deux affaires à faire au Choa à présent :

1°

Apporter soixante mille thalaris et acheter de l'ivoire, du musc et de l'or. — Vous savez que tous les négociants, sauf Brémond, sont descendus, et même les suisses. — On ne trouve plus un thaler au Choa. J'ai laissé l'ivoire, au détail, à cinquante thalaris ; chez le roi, à soixante thalaris.

— Le ras Govana seul a pour plus de quarante mille thalaris d'ivoire et veut vendre : pas d'acheteurs, pas de fonds ! Il a aussi dix mille okiètes musc. — Personne n'en veut à deux thalaris les trois okiètes. — Il y a aussi beaucoup d'autres détenteurs d'ivoire de qui on peut acheter ; sans compter les particuliers qui vendent en cachette. Brémond a essayé de se faire donner l'ivoire du ras, mais celui-ci veut être payé comptant. — Soixante mille thalaris peuvent être employés en achats tels pendant six mois, sans frais aucuns, par la route Zeilah, Harrar, Iton, et laisser un bénéfice de vingt mille thalaris ; mais il faudrait faire vite, je crois que Brémond va descendre chercher des fonds.

2°

Amener du Harrar à Ambado deux cents chameaux avec cent hommes armés (tout cela le dedjatch le donne pour rien) et, au même moment, débarquer avec un bateau quelconque huit mille remingtons (sans cartouches, le roi demande sans cartouches : il en a trouvé trois millions au Harrar) et charger instantanément pour le Harrar. La France a, à présent, Djibouti avec sortie à Ambos. Il y a trois stations de Djibouti à Ambos. — Ici on a vendu et on vend encore des remingtons à huit francs. — La seule question est celle du bateau ; mais on trouverait facilement à louer à Suez.

Comme cadeaux au roi : machine à fondre des cartouches Remington. — Plaques et produits chimiques et matériel pour fabriquer des capsules de guerre.

Je suis venu ici pour voir si quelque chose pouvait se monter dans cet ordre d'idées. Mais, ici, on trouve ça trop loin et, à Aden, on est dégoûté parce que ces affaires, moitié par malconduite, moitié par malchance, n'ont jamais réussi. — Et pourtant il y a à faire, et ceux qui se pressent et vont économiquement feront.

Mon affaire a très mal réussi parce que j'étais associé avec cet idiot de Labatut qui, pour comble de malheur, est mort, ce qui m'a mis à dos sa famille au Choa, et tous ses créanciers ; de sorte que je sors de l'affaire avec très peu de chose, moins que ce que j'avais apporté. Je ne puis rien entreprendre moi-même, je n'ai pas de fonds.

Ici même il n'y avait pas un seul négociant français pour le Soudan ! En passant à Souakim on m'a dit que les caravanes passent et vont jusqu'à Berber. La gomme commence à arriver. Quand le Soudan se rouvrira, et peu à peu il se rouvre, il y aura beaucoup à faire.

Je ne resterai pas ici, et redescendrai aussitôt que la chaleur, qui était excessive cet été, diminuera dans la Mer Rouge. Je suis à votre service dans tous les cas où vous auriez quelque entreprise où je pourrais servir. — Je ne puis plus rester ici, parce que je suis habitué à la vie libre. Ayez la bonté de penser à moi.

RIMBAUD.

Poste restante, Caire. — Jusqu'à fin septembre

IV

Après quelques mois d'ennui au Caire, un endroit civilisé, un lieu qui tient de Paris, de Nice et de l'Orient et où l'on vit à l'européenne, Rimbaud redescend la Mer Rouge et se retrouve à Aden. C'est vers la fin de 1887.

De même que l'inaction, en Egypte, lui avait suggéré diverses entreprises, entre autres celle de faire publier par la Société de Géographie de Paris (1) la relation de son voyage d'Abys-

---

(1) Voici, in-extenso, quelle fut la réponse à la démarche de Rimbaud :

SOCIÉTÉ DE GÉOGRAPHIE « *Paris, le 4 Octobre 1887.*
FONDÉE EN 1821
Reconnue d'utilité publique
en 1827
BOULD. ST-GERMAIN, 184
PARIS

« Monsieur,

« En réponse à votre lettre du 26 août, la Société de
« Géographie me charge de vous informer qu'il ne lui est
« point possible, quant à présent, de répondre favorable-

sinie, en Arabie, où son activité est encore sans emploi, il projette l'importation de baudets étalons pour la procréation et l'élevage en Afrique des mulets de Syrie. Mais l'affaire lui semble ensuite peu pratique, à cause des difficultés d'achat et du coût du transport. Il l'abandonne, pour négocier avec le gouvernement de la République Française l'autorisation

> « ment au désir que vous exprimez. Peut-être auriez-vous
> « quelque chance de succès en adressant une demande de
> « mission au Ministère de l'Instruction publique. Cette
> « demande serait renvoyée à la commission des missions et
> « voyages qui en donnerait son avis à l'administration. Je
> « ne dois pas vous dissimuler, cependant, que le fonds
> « attribué aux missions a subi les conséquences du régime
> « d'économies auquel sont soumis les ministères depuis
> « quelques mois. Il est à craindre que — votre voyage n'in-
> « téressant pas directement un pays français, la politique
> « française — la somme demandée dans votre lettre ne
> « paraisse trop élevée. En tout cas, vous feriez bien de
> « rédiger les notes ou les souvenirs que vous avez recueillis
> « sur « les races bédouines ou agricoles, leurs routes et la
> « topographie de leurs régions ». Soyez persuadé qu'un
> « mémoire à ce sujet, s'il renferme des faits nouveaux,
> « des indications utiles, des notions précises, serait la
> « meilleure des recommandations dans le cas où vous croi-
> « riez devoir adresser au Ministère une demande de mission.
> « D'emblée, en effet, vous sortiriez du rang des débutants
> « et le rapporteur auquel la commission des missions
> « renverrait votre demande, aurait un point d'appui.
> « Si vous pensiez devoir adopter cette manière de faire,
> « je me mettrais à votre disposition pour rechercher les
> « moyens d'assurer la publication de votre mémoire, afin
> « de le bien faire connaître. Il serait bon que le travail fût
> « accompagné d'un croquis donnant vos itinéraires. Le

de débarquer sur le territoire d'Obock « l'outillage et le matériel nécessaires à la fabrication de fusils et de cartouches destinés au roi Ménélick ».

Monsieur Félix Faure, alors ministre de la Marine et des Colonies, répond que des conventions conclues avec l'Angleterre interdisent l'introduction d'armes de guerre à

« pays que vous songez à parcourir est très redoutable
« pour les européens, même dans les conditions particuliè-
« rement favorables où vous vous trouvez. La commission
« se montrera donc d'autant moins réfractaire qu'elle sera
« mieux à même d'apprécier votre travail antérieur, les
« résultats de vos premiers voyages.
  « Je viens de recevoir de M. A. Bardey une lettre dans
« laquelle il donne des extraits intéressants de votre jour-
« nal de route du Choa à Zeïlah. Ces extraits vont être
« publiés au Bulletin de la Société de Géographie, dont
« fait partie M. Bardey.
  « Croyez bien, monsieur, que les objections présentées
« ci-dessus ne sont point des fins de non recevoir. Je serais
« dans la limite de mes moyens très disposé à vous aider,
« — mais je ne suis pas seul et il importe de décider dans
« un sens favorable tous ceux qui ont voix au chapitre. J'ai
« causé de vos projets avec mon ami M. Duveyrier, spécia-
« liste en choses de l'Afrique et je crois que lui aussi sera
« bien disposé en votre faveur. Il m'a chargé de vous
« demander si l'abba Moudda est un marabout musulman
« et quelle confrérie représente le cheikh Hoseïn, ainsi que
« l'abba Moudda, si ce dernier est musulman.
  « Veuillez agréer, monsieur, avec mes regrets de ne pou-
« voir de suite répondre favorablement à votre désir, l'ex-
« pression de mes sentiments les plus distingués.
              « C. MAUNOIR, secrétaire général. »

travers les possessions françaises de l'Afrique orientale (1).

Et Rimbaud, en fin de compte, se retourne à nouveau vers le commerce dont la liquidation Labatut l'avait cependant dégoûté. C'est qu'il lui faut, à tout prix, réaliser ses vœux de fortune pour la liberté.

---

(1) La lettre de refus de M. Félix Faure est datée du 18 janvier 1888. Quelques mois après, Rimbaud, sans qu'il l'eût sollicité, recevait le papier officiel que voici :

MINISTÈRE
de la
MARINE ET DES COLONIES

ADMINISTRATION
DES COLONIES

2ᵉ DIVISION

4ᵉ BUREAU
OCÉAN INDIEN

Demande d'autorisation de débarquer des armes de guerre

RÉPUBLIQUE FRANÇAISE

LIBERTÉ — ÉGALITÉ — FRATERNITÉ

« Paris, le $\frac{2}{459}$ mai 1888.

« *Le Sous-Secrétaire d'État au Mi-*
« *nistère de la Marine et des Colonies*
« *à Monsieur Arthur Rimbaud, au*
« *Consulat de France à Aden.*

« Monsieur,

« Par suite à la dépêche du 18 janvier dernier, j'ai
« l'honneur de vous confirmer que la nouvelle convention
« conclue avec l'Angleterre, autorise l'introduction d'ar-
« mes de guerre à travers notre territoire d'Obock, mais
« seulement à destination du Choa.

« Vous pouvez donc, comme vous le demandiez par votre

Entre faits, par l'entremise de monsieur Paul Bourde, un ancien condisciple du collège de Charleville, il avait offert au *Temps* une correspondance relative aux opérations, en Ethiopie, de l'armée italienne partie en guerre et qu'il proposait de suivre. Non plus, cela n'avait réussi : on trouvait les conditions de Rimbaud trop onéreuses. Seulement, en guise de consolation, monsieur Paul Bourde avait cru devoir, en ces termes qu'il serait superflu de qualifier, mettre Rimbaud au courant de sa gloire littéraire naissante :

« Vous ignorez sans doute, vivant si loin de nous, que vous êtes devenu à Paris dans un très petit cénacle une sorte de personnage légendaire, un de ces personnages dont on a annoncé la mort, mais à l'existence desquels

---

« lettre du 15 décembre, débarquer sur les territoires
« français de la côte orientale d'Afrique, l'outillage et le
« matériel nécessaire à la fabrication de fusils et de car-
« touches destinés au roi Ménélick.

« Recevez, monsieur, les assurances de ma considéra-
« tion distinguée.

« Pour LE SOUS-SECRÉTAIRE D'ETAT,

« *Le chef de la 2ᵉ division.*

« Signé illisiblement. »

quelques fidèles persistent à croire et dont ils attendent obstinément le retour. On a publié dans des revues du quartier latin et même réuni en volume vos premiers essais, prose et vers ; quelques jeunes gens (que je trouve naïfs) ont essayé de fonder un système littéraire sur votre sonnet sur la couleur des lettres. Ce petit groupe qui vous a reconnu pour maître, ne sachant ce que vous êtes devenu, espère que vous réapparaîtrez un jour pour le tirer de son obscurité. Tout cela est sans portée pratique d'aucune sorte, je m'empresse de l'ajouter pour vous renseigner consciencieusement. Mais à travers, permettez-moi de vous parler franchement, à travers beaucoup d'incohérence et de bizarrerie j'ai été frappé de l'étonnante virtuosité de ces productions de première jeunesse. C'est pour cela et aussi pour vos aventures que Mary, qui est devenu un romancier populaire à grand succès, et moi parlons quelquefois ensemble de vous avec sympathie. »

V

Or les affaires commerciales sont devenues bien difficiles dans cette Mer Rouge.

C'est l'invasion des européens de tous côtés qui a fait cela — écrit Rimbaud. — Les Anglais en Egypte, les Italiens à Massouah, les Français à Obock, les Anglais à Berbera, etc., etc.; et on dit que les Espagnols aussi vont occuper quelque port aux environs du détroit ! Tous les gouvernements sont venus engloutir des millions sur toutes ces côtes maudites, désolées, où les indigènes errent des mois sans vivres et sans eau sous le climat le plus effroyable du globe; et tous les millions qu'on a jetés dans le ventre des bédouins n'ont rien rapporté, que les guerres, les désastres de tous genres.

Enfin, j'y trouverai peut-être encore quelque chose à faire ! — se console-t-il.

En effet, quelques jours après l'écriture de ces plaintes, il part au Harrar, pour examiner les possibilités d'y fonder un comptoir; revient à Aden, pour y trouver une association; s'entend avec les négociants Savouré, Tian et Bardey. Puis, ayant, près de Zeilah, formé une caravane de 200 chameaux porteurs de 3000 fusils et de 500000 cartouches Remington, il repart au Harrar, muni de lettres pour le dedjatch Makonnen qui est gouverneur de cette contrée, depuis que le roi du Choa l'a conquise, et qui, par ordre de Ménélick, s'intéresse à l'affaire.

En mai 1888, Rimbaud arriva à Harrar et y établit définitivement sa factorerie.

Bien que son commerce doive prospérer, et qu'il soit en rapports avec les autorités abyssines et avec les européens de marque (1), bien qu'il rayonne à travers toute cette contrée orientale d'Afrique, dont il s'occupe de moraliser les indigènes, il est loin de s'estimer heureux :

Je m'ennuie beaucoup, je n'ai même jamais connu personne qui s'ennuyât autant que moi. Et puis, n'est-ce pas misérable cette existence sans famille, sans occupation intellectuelle, perdu au milieu des nègres dont on voudrait améliorer le sort et qui, eux, cherchent à vous exploiter et vous mettent dans l'impossibilité de liquider des affaires à bref délai. Obligé de parler leurs baragouins, de manger de leurs sales mets, de subir mille ennuis provenant de leur paresse, de leur trahison, de leur stupidité. Le plus triste n'est pas encore là : c'est

---

(1) Voici pour preuve une curieuse lettre adressée à Rimbaud vers cette époque :

« *Entotto, 26 juillet 1888.*

« Cher Monsieur

« J'ai reçu à Djiren votre lettre du 4 mai, ainsi que quelques
« autres. Je vous en remercie. Mais le roi Abba Djiffar n'a rien
« reçu ; je lui ai parlé longuement, lui faisant valoir l'avantage
« qu'il aurait à vendre son ivoire et son musc à Harrar, chez
« vous ; je lui ai dit que vous aviez tous les articles qu'il pouvait
« désirer : sucre, riz, sandales, chaussettes ! drap, etc., etc. ; que
« vous échangeriez ces articles contre son musc ou son ivoire,
« ou que vous donneriez des thalaris s'il le préférait, car vous en
« aviez beaucoup. Il m'a répondu qu'il enverrait du musc mais

la crainte de devenir peu à peu abruti soi-même, isolé qu'on est et éloigné de toute société intelligente. Les affaires, quoique importantes, ne suffisent pas à mon activité et se répartissent d'ailleurs entre les quelques européens égarés dans ces vastes contrées. — (4 août 1888).

Le 10 novembre, il insiste :

Mon existence dans ces pays, (je l'ai déjà dit souvent, mais je ne le dis pas assez, et je n'ai guère d'autre chose à dire), mon existence est pénible, abrégée par un ennui fatal et par des fatigues de tout genre... Je travaille, je voyage, je voudrais faire quelque chose de bon, d'utile. Quels seront les résultats ? Je ne sais encore.

« pas d'ivoire (il y a de fortes raisons pour cela, vous les devi-
« nez). Je connais bien Abba Djiffar, voici son genre : il attend
« qu'on lui fasse un petit cadeau, il en retourne un gros par
« rapport à celui qu'on lui a fait, c'est très agréable ; alors, pour
« avoir un cadeau magnifique, on lui en fait un beau, et lui,
« cette fois, fait le mort.
« Je vous donne ici, pour votre gouverne, les prix de l'or, du
« musc et de l'ivoire.
« Or : je ne sais son prix à Leka (environ 14 thalaris) ; à Entotto
« de 15 à 16 thalaris l'okiète de bel or, soit en bagues, soit en
« morceaux. Le Négous continue à le donner gracieusement pour
« 19 thalaris, et celui qu'il donne est mauvais. En achetant faites
« grande attention, les marchands le fraudent avec le cuivre et
« le fer (j'ai été pris).
« Musc : on dit qu'à Leka, aujourd'hui, on en a deux okiètes 1/3
« pour un thaler ; à Djimma, il vaut, prix courant, un thaler

VI

Donc, grâce à l'ingéniosité érudite de son directeur-fondateur, le comptoir de Harrar prospérait. Rimbaud en tirait de sérieux bénéfices, lesquels, en lui gardant quand même l'espoir d'un avenir occupé selon son extraordinaire

---

« l'okiète et un tiers. A Entotto, le prix varie beaucoup mais il
« s'approche le plus souvent de cent à cent cinq thalaris les cent
« trente okiètes. Le Négous le donne à un prix royal. Le musc
« est très fraudé, soit avec du beurre et de la moelle, soit avec
« des détritus de poterie pilés ; on dit que, dans le premier cas,
« il devient blanc, et, dans le second, noirâtre ; et qu'au con-
« traire le bon musc doit être rougeâtre et très collant.
  « Ivoire : à Leka je ne sais combien on le vend ; à Djimma,
« trente six thalaris l'okiète. A Entotto on en a facilement (pourvu
« qu'il n'y ait pas de fortes demandes) à quarante-cinq thalaris.
  « L'ivoire de Djimma vient du Wallamo, du lac Abbala. Je suis
« allé jusqu'aux frontières de ce pays, j'ai connu les prix de l'ivoire.
« On achète avec des djebeli, ce que nous appelons je crois
« « guiné », étoffes bleu sombre ; mais les grands djebeli d'Aden
« ne vaudraient rien ; ce sont des djebeli un peu plus larges que
« la main, un peu plus longs que ce papier, et épais de deux

intelligence, permettaient à sa bonté de se répandre et de s'irradier actuellement par toute la contrée.

Ainsi essayait-il de tromper, par le cœur, l'ennui mortel qui lui mangeait le cerveau.

Les indigènes, dont nous savons qu'il partageait les mets et parlait magistralement la langue, le chérissaient comme un être divin. Au fond, lui, les trouvait intéressants et dignes de sa charité :

Les gens d'ici — écrira-t-il épilostairement en février 1890 — ne sont ni plus bêtes, ni plus canailles que les nègres blancs des pays dits civilisés ; ce n'est pas du même ordre, voilà tout. Ils

---

« doigts, et, autant que possible, recouverts de leur papier. On
« achète une dent d'environ trois okiètes à trois okiètes et demie,
« pour soixante-cinq à soixante-dix de ces djebeli : c'est bien bon
« marché.
« J'ai été en relations avec des gens du Koullo, Contab, Koscha,
« Koutscha, Gofa, Gamo, Ouba, Zalla, Doko, Malo, etc. ; dans
« tous ces pays, les trois premiers rive droite, les autres rive
« gauche de l'Omo, tout le monde affirme que, sauf au lac
« Abbala dans le Wallamo, les éléphants sont fort rares. Les gens
« ont chez eux des cornes de rhinocéros, mais quelle en est la
« valeur ?...
« Dans ce pays, il y a un lac que les indigènes appellent
« « Chambarra », lac qui, selon mes calculs, serait par 1° 30'
« latitude-nord et 36° environ longitude-est Paris. Ce lac, où se
« déverse l'Omo, est immense et sans profondeur. J'ai pu faire
« venir et causer des gens qui y étaient allés, voici ce qu'ils disent

sont même moins méchants et peuvent, dans certains cas, manifester de la reconnaissance et de la fidélité. Il s'agit d'être juste et humain avec eux.

Ces stupides nègres — nargue-t-il une autre fois, bontément — s'exposent à la phthisie et à la pleurésie, en restant nus sous la pluie. Rien ne peut les corriger. Il m'arrive souvent de rentrer chez moi nu dans mon burnous, pour en avoir habillé quelques-uns en route.

Sur les bénéfices courants, nous dit sa sœur (la seule personne, repétons-le, qui en France eut ses confidences), il fallait à Rimbaud prélever les frais d'un train de maison et d'un luxe, qui n'ont rien de commun avec ceux des nations

---

« (je n'entre dans aucun détail, je vous en parle au seul point de
« vue de l'ivoire) : « Les éléphants pullulent à ce lac; nous
« autres surtout, gens du Koscha et du Contab, nous y allons
« pour faire preuve de courage, car la route est longue et dange-
« reuse : rive droite, les gens du pays de Golda nous tuent; rive
« gauche, les gens du pays de Dimé nous voient mal, volontiers.
« Mais après Dimé, *Baoua* (c'est le vide), plus personne, plus
« rien, le pays n'a même pas de nom; c'est une immense plaine,
« herbes et buissons. Cette plaine est parcourue par deux
« affluents de l'Omo; il y a quelques sources. Là où est le lac
« Chambarra, le pays se nomme « Yaya ». Ce pays est absolu-
« ment inhabité. Nous allons là; nous tuons, si nous pouvons,
« un éléphant, nous en abandonnons l'ivoire, nous en emportons
« la queue pour la porter à notre roi, qui nous donne alors le
« droit de mettre des boucles d'oreilles en argent, et nous
« sommes des gens considérés! »

civilisées et qui consistent dans le choix du domestique, du personnel des caravanes, des chameaux, des charges, des harnachements, ainsi que dans l'usage personnel de quelque mule ou cheval de selle d'un grand prix.

A part ces frais indispensables, il donnait,

« J'ai eu tous les renseignements possibles sur l'Omo et ses pays
« riverains jusqu'au lac Chambarra. Plus loin personne ne sait
« rien ; les uns disent que l'Omo se perd dans le lac, qu'aucune
« rivière n'en sort, les autres disent qu'on leur a affirmé qu'une
« rivière, mais peu considérable, en sortait. Cependant si l'on
« considère : 1° la proximité du lac Nianza et du lac Chambarra;
« 2° la similitude des noms Yaya, pays où est le Chambarra, et
« Ougé-Yaya, pays qui, de ce côté, touche le Nianza; 3° enfin que,
« en cet endroit, le Nianza reçoit une rivière; il y a fort à présu-
« mer que l'Omo n'est point la Juba, mais un affluent du Nil.
« M. A. d'Abbadie disait : « C'est le Nil ». Le Père Léon des
« Avranches, MM. Cechi et Chiarini disaient le contraire; on avait
« fini par faire prévaloir l'opinion de ces derniers, bien que celle
« de M. d'Abbadie vaille bien la leur en fait de géographie...
« Mais assez, je vous embête.
« Je retourne au mois d'octobre, par Harrar; je vous serai obligé
« de tenir à ma disposition, avec consentement de M. Tian, trois
« cents thalaris. M. Brémond ne m'a rien laissé et m'a dit par
« lettre qu'il déposerait à Harrar, chez l'agent de M. Tian, cinq
« cents thalaris ; en ce cas tout serait bien, mais...!?
« Dans le voyage que j'ai fait, on m'a fermé la route partout,
« sous peine de me tuer, et, au Djindjera, de me brûler. J'avais
« cependant trouvé moyen de passer au sud en pays ami, par les
« gens du Tambaro et du Hadia ; mais le Négous est revenu, Abba
« Djiffar a eu peur et m'a coupé la route. Néanmoins, j'ai voulu
« mettre un pied dans le Koullo, j'ai passé quelques jours dans le
« moqna de ce pays; et, un jour, j'ai traversé le Godjeb. Puis,
« en dehors des portes, j'ai pénétré dans ce pays pour en retour-
« ner aussitôt... J'ai tué un éléphant, son ivoire me fait manger.
« J'ai voulu pénétrer dans le Djindjero ; un abba Koro d'Abba

donnait, donnait; non seulement toute la monnaie de poche, mais en nature et jusqu'à ses repas. Il remettait des dettes, avançait pour les insolvables, se chargeait des missions difficiles, des expéditions périlleuses. A lui-même, il accordait à peine le nécessaire.

« Djiffar, avec un millier d'hommes, m'a accompagné. Je suis allé assez loin, mais les Djindjero nous ont attaqués, tous les gens de Djimma ont fui, je n'ai pu me sauver qu'à grand peine; j'en ai tué quatre et blessé plusieurs. Eux ont tué beaucoup de gens de Djimma, ils ont pris l'abba Koro et l'ont égorgé; six autres, faits prisonniers, ont dû boire de l'eau bouillante.

« J'ai pris des fièvres violentes, j'ai des accès continuels depuis deux mois; j'en suis à prendre la quinine par 2 grammes. Je suis sans forces, sans énergie; je suis fini, je dois rentrer au plus tôt. Je n'écris pas chez moi pour ne pas montrer mon écriture, on me croirait perdu; puis je n'ai plus la force d'écrire.

« Veuillez prier M. Tian d'écrire à mon frère, au Caire, qu'il a appris que j'étais rentré à Entotto, en juin, de retour de mon voyage au sud.

« Je vous ai écrit tout ce que je savais sur les questions pouvant vous intéresser. Je l'ai fait avec plaisir, bien que très fatigué; de même que ce que j'ai pu pour vous être agréable, je l'ai fait auprès du roi de Djimma. Demandez-moi autre chose, je le ferai. Si vous avez un homme de confiance, envoyez-le-moi avec deux, trois ou quatre cents thalaris, je vous achèterai du musc ou de l'or (l'ivoire, je ne puis, c'est trop lourd) et je vous le porterai au Harrar sans commission; soyez-en assuré, seulement pour vous être agréable. Mais... de même que j'oublie absolument que, mes agassés chargés, vous vouliez me faire balayer la maison (chose que j'ai stupidement mal prise), de même, voudrez-vous bien oublier les paroles inconvenantes que je vous ai adressées.

« Veuillez agréer mes bien sincères salutations. »

« Jules Borelli. »

Les indigènes d'importance le considéraient avec le plus grand respect.

Nous sommes aux années où Ménélick II, roi du Choa — le négus Jean ayant trouvé la mort chez les mahdistes — prétend à l'empire d'Ethiopie et le conquiert.

De concert avec messieurs Ilg, Zimmermann, Eloy Pino, Savouré, Brémond, qui s'inclinent devant sa haute intelligence et profitent de sa bonté, malgré que parfois ils aient à subir ses sarcasmes terribles (1), Rimbaud aide, par des

---

(1). Extraits d'une lettre (16 juin 1889) de monsieur Alfred Ilg, ingénieur et conseiller de S. M. Ménélick II :

« D'Ancober :

« M. Savouré est décidé de partir à la côte et il ne peut
« donc plus s'en occuper (de votre argent) ; bon gré mal gré
« vous me rendrez donc votre aimable secours pour gagner mes
« premiers 100 mille francs de rente. Je m'engage à faire tout
« mon possible à en faire autant pour vous (sic), pour avoir
« plus tard le plaisir de les manger en votre compagnie et vous
« faire passer les idées lugubres !

« Avec vos détails sur M. Bidault vous nous avez divinement
« amusés et je ne regrette que de ne pas pouvoir faire son por-
« trait d'après le vôtre, j'aurais certainement du succès.

« M. Savouré vient de me dire que vous lui avez écrit, j'en
« suis enchanté ; mais j'aurais bien voulu avoir aussi l'honneur
« et le plaisir de me voir remonter le moral un peu par vous et
« vos bons souvenirs. »

négociations et des armements, à cette conquête devant donner au nouveau roi des rois, qu'auréole le souvenir de Salomon et de la reine de Saba, la force de réduire à merci plus tard, en 1896, les armées italiennes.

Cependant, obéi mais s'effaçant, courageux mais avisé, redouté mais aimé, dirait-on, fatalement, les mouches trafiquantes qui volètent autour de sa lumière s'essayent à en obscurcir l'action. Leurs tentatives, toujours, se brisent contre sa décision.

A l'une de ces mouches obligées, qui avait cru, un jour, pouvoir commercialement le taquiner, Rimbaud répond :

Je n'avais nullement besoin de vos ignobles cafés achetés au prix de tant d'ennuis avec les Abyssins, je ne les ai pris que pour terminer votre paiement, pressé comme vous l'étiez. Et d'ailleurs, je vous le répète, si je n'avais procédé ainsi, vous n'auriez rien eu, rien, absolument rien, rien de rien, et tout le monde le sait et vous le dira ! Vous le savez vous-même, mais l'air de Djibouti égare les sens, je le vois ! Donc, après avoir transporté à mes risques et périls des ordures sans aucun bénéfice, j'aurais été assez crétin, assez idiot, pour importer ici, pour le compte de blancs, des thalaris à 2 % de frais de transport, 2 ou 3 % de perte au change, pour rembourser du café que je n'ai jamais demandé, qui ne ne me rapporte rien, etc., etc. Seriez-vous capable de le croire ? Mais les gens qui sortent du Choa ont vraiment des raisonnements d'abyssins ! Examinez donc mes comptes, cher monsieur ; représentez-vous les choses justement, et vous verrez que j'ai parfaitement droit — et vous grand'chance d'avoir pu en finir ainsi ! Veuillez m'envoyer au plus tôt un reçu de 5833 thalaris pour solde de tout compte — sans plus de plaisanteries — car, pour ma part, je vous établirais facilement un compte de quelques milliers de thalaris de perte que m'ont occasionnée vos affaires desquelles je n'aurais jamais dû me mêler !...

Je vais bien, — écrivait-il à sa famille qui lui demandait quand il pourrait revenir en France, — je vais bien, ainsi que mes affaires qui me donnent beaucoup de tracas. Avec les complications où je suis engagé, il est peu probable que je sorte avant longtemps de ces pays. Pour cette année donc, mes perspectives ne sont guère au retour : il en était de même de l'année précédente, comme de l'antécédente ; comme il pourrait bien en être de même de la suivante et de la subséquente, etc., etc. Entré dans ces parages on n'en sort plus, parce que les affaires s'enchaînent l'une à l'autre et, de cette façon, ne se liquident jamais. Enfin, le plus souvent le résultat final est : désillusion et mains vides.

Mais, de ses fatigues et de ses tracas, il se reposait, nous l'avons dit, en répandant parmi les indigènes le trésor de sa bonté.

Sur sa mule fière d'un aussi précieux et amical cavalier, on le voyait parcourant, suivi ou non de quelque caravane porteuse d'ivoire et d'or quand ce n'était d'armes libératrices, les déserts somalis ou les fertilités de la chrétienne Éthiopie. A chaque instant, il s'arrêtait pour porter lui-même, sous quelque tente, en quelque hutte, le bien-être et la civilisation, l'amour aussi de la liberté. Que d'esclaves il dut racheter, pour leur enseigner la dignité et la conscience !

Aux villes aussi, à Entotto, à Adoua, comme à Harrar, sa personne symbolisait la justice.

De tous les chefs abyssins qui l'avaient approché, aucun qui ne se sentît une admiration instinctive pour lui !

Le ras Makonnen, le plus éminent d'entre

eux, le plus intelligent, le plus noble, devint l'ami pieux de Rimbaud. Héroïque lui-même, ce vice-roi conseiller principal du négus, ne voyait plus, ne jurait plus que par notre civilisateur. Et c'est connu, et c'est proverbial dans toute la région, où les deux syllabes de ce nom : Rimbaud ! ne résonnaient désormais plus sans provoquer aussitôt un respect ému et solennel, comme religieux.

Si, comme un banal aventurier, il avait daigné profiter des circonstances, que fût-il devenu ?

Son activité, en tous sens et de toute façons, était incroyable.

On le vit bien parfois, enveloppé dans son burnous, sous le soleil chaleureux et devant la mer immense et maudite, se plonger, solitaire, dans une extase d'immobilité. Mais c'était, à n'en point douter, pour s'assimiler quelque mystère créateur d'étranges beautés.

Et, de même que toujours, il explorait ; en vue de grossir son savoir, déjà, on le sait, formidable. Et rien, pour cela, ne lui était obstacle : ni la lâcheté des hyènes, ni la férocité des tigres, ni le fanatisme musulman des bédouins.

D'ailleurs, il était protégé par son propre nimbe de générosité humble; et, si l'on massacrait et pillait, en ce temps-là, les européens et leurs caravanes, lui ne fut jamais l'objet d'aucune malveillance, même de la part des tribus les plus redoutées, les plus réputées redoutables.

De sorte que, là encore, au Choa, au Godjam, au Kaffa, il connut des paysages jamais vus par quiconque.

VII

Autant que sa situation en Afrique orientale pût lui donner de bonheur, Rimbaud semblait donc l'avoir.

Son actif pécuniaire, sonnant et de créances,

grossissait. Son rêve de liberté par la fortune approchait de la réalisation.

En 1890, celui qui, dans *Une Saison en Enfer*, avait dit :

Je reviendrai avec des membres de fer, la peau sombre ; sur mon masque, on me jugera d'une race forte. J'aurai de l'or ; les femmes soignent ces féroces infirmes retour des pays chauds ; je serai mêlé aux affaires politiques : sauvé !

projetait un retour en France avec l'idée de s'y marier, lorsqu'il sentit sourdre en lui la tendance arthritique due aux vents secs et aux brusques changements de température, chaleur et pluies, propres au Harrar.

Peu d'européens habitant ces contrées sont, il paraît, exempts de ce mal. Cela entendu et admis, il ne faut pourtant point omettre cette hypothèse : qu'il pouvait y avoir de l'hérédité ou de l'atavisme dans le cas pathologique d'Arthur Rimbaud, puisque sa maladie mortelle présentera les caractères de celle dont sa sœur Vitalie était morte, savons-nous, en 1875.

Insoucieux par habitude de sa santé, trop confiant dans sa force et son sang crus éprouvés, il négligea d'abord ces symptômes, estimés rhumatismaux, et poursuivit, en hâte d'aboutir, sa vie de fatigues excessives, d'exploits, de privations, de chocs.

Mais, en février 1891, se déclare une tumeur dans son genou droit, qui le condamne à l'inaction; en mars, il ne peut déjà plus marcher ni même chevaucher. Résigné, il liquide alors tant bien que mal les affaires de son comptoir, et, porté sur une civière par ses serviteurs nègres, il quitte Harrar le 8 avril, traverse une dernière fois le désert du Somal au milieu des protestations et des agenouillements de ces peuplades en larmes, séduites depuis longtemps et pour toujours par sa lumineuse bonté ; puis, s'étant embarqué à Zeilah, il se fait déposer à Aden et entre à l'hôpital européen.

Voici — écrira-t-il — ce que j'ai considéré en dernier lieu comme cause de ma maladie. Le climat du Harrar est froid, de novembre à mars. Moi, par habitude, je ne me vêtais presque pas : un simple pantalon de toile et une chemise de coton. Avec cela des courses à pied de 15 à 40 kilomètres par jour, des cavalcades insensées à travers les abruptes montagnes du pays. Je crois qu'il a dû se développer dans le genou une douleur arthritique causée par la fatigue, et le chaud et le froid. En effet, cela a débuté par un coup de marteau (pour ainsi dire) sous la rotule, léger coup qui me frappait à chaque minute ; grande sécheresse de l'articulation et rétraction du nerf de la cuisse. Vint ensuite le gonflement des veines tout autour du genou, gonflement qui faisait croire à des varices. Je marchais et travaillais toujours beaucoup, plus que jamais, croyant à un simple coup d'air. Puis la douleur dans l'intérieur du genou a augmenté. C'était, à chaque pas, comme un clou enfoncé de côté. Je marchais toujours, quoique avec plus de peine ; je montais surtout à cheval dont, chaque fois, je descendais presque estropié. Puis le dessus du genou a gonflé, la rotule s'est empâtée, le jarret aussi s'est trouvé pris. La circulation devenait pénible et la douleur secouait les nerfs, jusqu'à la cheville et jusqu'aux reins. Je ne marchais plus qu'en boitant fortement et me trouvais toujours plus mal. Mais j'avais toujours beaucoup à travailler, forcément. J'ai commencé alors à tenir ma jambe bandée du haut en bas, à frictionner, baigner, etc., sans résultat. Cependant, l'appétit se perdait. Une insomnie opiniâtre commençait. Je faiblissais et maigrissais beaucoup. Vers le 15 mars, je me décidai à me coucher, au moins à garder la position horizontale. Je disposai un lit entre ma caisse, mes écritures et une fenêtre d'où je pouvais surveiller mes

balances au fond de la cour, et je payai du monde
de plus pour faire marcher le travail; restant, moi,
étendu, au moins de la jambe malade. Mais, jour
par jour, le gonflement du genou le faisait ressem-
bler à une boule. J'observai que la face interne
du tibia était beaucoup plus grosse qu'à l'autre
jambe. La rotule devenait immobile, noyée dans
l'excrétion qui produisait le gonflement du genou
et que je vis avec terreur devenir en quelques
jours dure comme de l'os. A ce moment, toute la
jambe devint raide, complètement raide, en huit
jours ; je ne pouvais aller aux lieux qu'en me traînant. Pendant ce temps-là, la jambe et le haut de
la cuisse maigrissaient, maigrissaient: le genou et
le jarret toujours gonflant, se pétrifiant ou plutôt
s'ossifiant ; et l'affaiblissement physique et moral
empirait. Fin mars, je résolus de partir. En quelques jours, je liquidai tout à perte ; et, comme la
raideur et la douleur m'interdisaient l'usage du
mulet ou même du chameau, je me fis faire une
civière couverte d'un rideau, que 16 hommes transportèrent à Zeilah en une quinzaine de jours. Le
second jour du voyage, m'étant avancé loin de la
caravane, je fus surpris dans un endroit désert par
une pluie sous laquelle je restai étendu 16 heures
sans abri et sans possibilité de me mouvoir : cela
me fit beaucoup de mal. En route, je ne pus jamais
me lever de ma civière. On étendait la tente au-

dessus de moi à l'endroit même ou l'on me déposait ; et, creusant un trou de mes mains près du bord de la civière, j'arrivais difficilement à me mettre de côté pour aller à la selle sur ce trou qu'ensuite je comblais de terre. Le matin, on enlevait la tente au-dessus de moi ; puis on m'enlevait. J'arrivai à Zeilah éreinté, paralysé. Je ne m'y reposai que quatre heures : un vapeur partait pour Aden. Jeté sur le pont, sur mon matelas (il a fallu me hisser à bord dans ma civière !) je dus souffrir trois jours de mer sans manger.

L'examen du médecin anglais de l'hôpital d'Aden ayant conclu à une synovite arrivée à un point très dangereux, Rimbaud décide pourtant qu'il se fera porter à un vapeur en partance pour la Méditerranée.

VIII

De Marseille, le 23 mai, il poste vers Roche :

Ma chère maman, ma chère sœur, après des souffrances terribles, ne pouvant me faire soigner à Aden, j'ai pris le bateau des Messageries pour rentrer en France. Je suis arrivé hier après treize jours de douleurs. Me trouvant par trop faible ici et saisi par le froid, j'ai dû entrer à l'hôpital de la Conception où je paie dix francs par jour, docteur compris. Je suis très mal, très mal ; je suis réduit à l'état de squelette par cette maladie de ma jambe droite qui, elle, est à présent énorme et ressemble à une grosse citrouille. C'est une synovite, une hydarthrose, etc., une maladie de l'articulation et des os. Cela doit durer longtemps, si des complications n'obligent pas à couper la jambe. En tous cas, j'en resterai estropié. Mais je doute que j'attende. La vie m'est devenue impossible. Que je suis donc malheureux ! Que je suis donc devenu malheureux ! J'ai à toucher ici une traite de 36000 fr. sur le Comptoir national d'escompte de Paris ; mais je n'ai personne pour s'occuper de toucher cet argent. Quant à moi, je ne puis faire un seul pas hors du lit. J'ai de l'argent avec moi, que je ne puis même surveiller. Que faire ? quelle triste vie ! Ne pouvez-vous m'aider en rien ?

Sur ce, madame Rimbaud accourt à Marseille, y reste quelques jours, tandis qu'on ampute son fils ; et, dès qu'il semble aller mieux, c'est-à-dire dès que la jambe se cicatrise, elle revient à Roche pour y surveiller sa culture.

Abandonné sur un lit d'hôpital, il pleure, pleure, nuit et jour. Or, comme pour doubler son martyre, lui arrive la nouvelle, erronée en fait, que le recrutement militaire le recherche pour insoumission :

Quelle nouvelle horreur me racontez-vous ? Quelle est encore cette histoire de service militaire ? Depuis que j'ai eu l'âge de 26 ans, ne vous ai-je pas envoyé d'Aden un certificat prouvant que j'étais employé dans une maison française, ce qui est une dispense, — et, par la suite, quand j'interrogeais maman, elle me répondait toujours que tout était réglé, que je n'avais rien à craindre. Il y a à peine quatre mois, je vous ai demandé, dans une de mes lettres, si l'on n'avait rien à me réclamer à ce sujet — j'avais l'envie de rentrer en France — et je n'ai pas reçu de réponse. Moi, je croyais tout cela arrangé. A présent, vous me faites entendre que je suis noté insoumis, que l'on me poursuit, etc., etc... Ne vous informez de cela que si vous êtes sûres de ne pas attirer l'attention sur moi. Quant à moi, il n'y a pas de danger que, dans ces conditions, je revienne! La prison après ce que je viens de souffrir? Il vaudrait mieux la mort. Oui, depuis longtemps, d'ailleurs, il aurait mieux valu la mort! Que peut faire au monde un homme estropié ; et, à présent, encore réduit à s'expatrier, définitivement? Car je ne reviendrai certes plus, avec ces histoires : heureux si je puis sortir d'ici par mer ou par terre et gagner l'étranger !

Cependant les démarches de sa sœur éclaircissent la situation. Il n'est pas insoumis, il est en sursis renouvelable jusqu'à sa rentrée en France ; il ne lui reste plus, étant amputé, qu'à obtenir son congé de réforme.

Il peut se lever, et il s'essaye à marcher :

Jusqu'ici — écrit-il le 10 juillet — je n'ai encore appris à marcher qu'avec des béquilles, et encore il m'est impossible de monter ou descendre une seule marche (dans ce cas on est obligé de me descendre ou monter à bras le corps). Je me suis fait faire une jambe de bois très légère, vernie et rembourrée, fort bien faite (prix 50 francs) ; je l'ai mise il y a quelques jours et ai essayé de me traîner en me soulevant encore sur des béquilles, mais je me suis enflammé le moignon et ai laissé l'instrument maudit de côté. Je ne pourrai guère m'en servir avant quinze ou vingt jours et encore avec des béquilles pendant au moins un mois, et pas plus d'une heure ou deux par jour. Le seul avantage est d'avoir trois points d'appui au lieu de deux... Je recommence donc à béquiller. Quel ennui, quelle fatigue, quelle tristesse, en pensant à tous mes anciens voyages et comme j'étais actif il y a seulement cinq mois ! Où sont les courses à travers monts, les cavalcades, les promenades, les déserts, les rivières et les mers ? Et, à présent, l'existence de cul-de-jatte ! car je commence à comprendre que les béquilles, jambes de bois et jambes mécaniques sont un tas de blagues et qu'on n'arrive, avec tout cela, qu'à se traîner misérablement sans pouvoir jamais rien faire. Et moi qui, justement, avais décidé de rentrer en France cet été ! Adieu mariage, adieu famille, adieu avenir ! Ma vie est passée. Je ne suis plus qu'un tronçon immobile..... Je suis loin encore avant de pouvoir circuler; même dans la jambe de bois, qui est cependant ce qu'il y a de plus léger. Je compte au moins encore quatre mois pour pouvoir faire seulement quelques marches dans cette jambe de bois avec le seul soutien d'un bâton. Ce qui est très difficile, c'est de monter ou de descendre..... Dans six mois seulement je pourrai essayer une jambe mécanique, et avec beaucoup de peine, sans utilité. La grande difficulté est à cause que je suis amputé haut : les névralgies ultérieures à l'amputation sont d'autant plus violentes et persistantes que le membre a été coupé haut. Les désarticulés du genou supportent beaucoup plus vite un appareil..... Mais peu importe, à présent, tout cela ; peu importe la vie même !... Il ne fait guère ici plus frais qu'en Egypte. Nous avons, à midi, de 30 à 35 degrés et, la nuit, de 25 à 30 ; la température du Harrar est donc bien plus agréable, surtout la nuit, qui ne dépasse pas 15 degrés. Je ne puis vous dire encore ce que je ferai : je suis trop bas pour le savoir même. Ça ne va pas bien, je le répète ; je crains fort quelque accident. J'ai mon bout de jambe beaucoup plus épais que l'autre et plein de névralgies. Le médecin, naturellement, ne me voit plus; parce que, pour le médecin aussi, il suffit que la plaie soit cicatrisée pour qu'il vous lâche. Il vous dit que vous êtes guéri; et il ne se réoccupe de vous que lorsqu'il vous sort des abcès, etc., etc., ou qu'il se produit d'autres complications nécessitant quelques coups de couteau (1). Cette sorte de gens ne considèrent les malades que comme des sujets d'expériences, on le sait bien; surtout dans les hôpitaux, où leurs soins ne sont pas payés. D'ailleurs, ils ne recherchent ce poste de médecin d'hôpital que pour s'attirer une réputation et une clientèle... Je voudrais bien rentrer à Roche, parce qu'il y fait frais; mais je pense qu'il n'y a guère là de terrains propices à mes exercices acrobatiques. Ensuite, j'ai peur que de frais il n'y fasse froid. Mais la première raison est que je ne puis me mouvoir; je ne le puis, je ne le pourrai avant longtemps, — et, pour dire la vérité, je ne me crois pas guéri intérieurement et je m'attends à quelque explosion... Il faudrait me porter en wagon, me descendre, etc., etc. C'est trop d'ennuis, de frais et de fatigue. Ici, j'ai ma chambre payée jusqu'à fin juillet; je réfléchirai et verrai ce que je puis faire, dans l'intervalle. Jusque-là, j'aime mieux croire que cela ira mieux.

---

(1) Le chirurgien qui, à Marseille, amputa Rimbaud est le docteur Henri Nicolas.

15 juillet :

Je passe la nuit et le jour à réfléchir à des moyens de circulation : c'est un vrai supplice. Je voudrais faire ceci et cela, aller ici et là, voir, vivre, partir : impossible, impossible, au moins pour longtemps, sinon pour toujours ! Je ne vois à côté de moi que ces maudites béquilles : sans ces bâtons je ne puis faire un pas, je ne puis exister. Sans la plus atroce gymnastique, je ne puis même m'habiller. Je suis arrivé presque à courir, il est vrai, avec mes béquilles ; mais je ne puis monter ou descendre des escaliers, et, si le terrain est accidenté, le ressaut d'une épaule à l'autre me fatigue beaucoup. J'ai une douleur névralgique très forte dans le bras et l'épaule droite, et, avec cela, la béquille qui scie l'aisselle ! — j'ai une névralgie encore dans la jambe gauche, et, avec tout cela, dire qu'il faut faire l'acrobate tout le jour pour avoir l'air d'exister !... Pourquoi, au collège, n'apprend-on pas de la médecine, au moins le peu qu'il faudrait à chacun pour ne pas faire des bêtises semblables à celle que j'ai faite de m'entêter à marcher et à travailler excessivement quand j'étais malade ?... Si quelqu'un, dans le cas où je me trouvai ensuite, me consultait, je lui dirais : Vous en êtes arrivé à ce point? Ne vous laissez jamais amputer. Faites-vous charcuter, déchirer, mettre en pièces ; mais ne souffrez pas qu'on vous ampute. Si la mort vient, ce sera toujours mieux que la vie avec des membres de moins. Et cela, beaucoup l'ont fait ; et, si c'était à recommencer, je le ferais. Plutôt souffrir un an comme un damné que d'être amputé ! Voici le beau résultat : je suis assis et, de temps en temps, je me lève et sautille une centaine de pas sur mes béquilles, puis je me rasseois. Mes mains ne peuvent rien tenir. Je ne puis, en marchant, détourner la tête de mon seul pied et du bout des béquilles. La tête et les épaules s'inclinent en avant, et vous bombez comme un bossu. Vous tremblez à voir les gens et les objets se mouvoir autour de vous, crainte qu'ils ne vous renversent pour vous casser la seconde patte. On ricane à vous voir sautiller. Rassis, vous avez les mains énervées, l'aisselle sciée et la figure d'un idiot. Le désespoir vous reprend ; et vous demeurez assis comme un impotent complet, pleurnichant et attendant la nuit, qui rapportera l'insomnie perpétuelle, et la matinée encore plus triste que la veille, etc., etc. La suite au prochain numéro.

Dans les derniers jours de juillet, il se décide enfin à accepter l'hospitalité de sa famille, à Roche.

IX

Là, parmi les souffrances s'augmentant et que le froid atmosphérique rend tout à fait intolérables, il est pieusement et tendrement soigné par sa sœur Isabelle.

Laissons celle-ci relater cette dernière phase de la maladie de son frère :

« De Marseille, après l'amputation, le 23 juillet 1891, il s'était fait transporter à Roche avec le désir de s'y reposer pendant deux ou trois mois, avec l'espoir d'y retrouver, dans un calme absolu, le sommeil qui l'avait fui. Mais rien ne lui réussissait ; il eût semblé que la fatalité s'acharnait contre lui, dans les plus simples choses. Les éléments, incléments, se liguaient; froid, brouillard, pluie; et, si le soleil tant désiré se montrait parfois, trop chaud d'une maladive chaleur, c'était pour attirer vers une promenade au cours de laquelle survenait une ondée.

« En cette triste année 1891, les blés avaient été gelés. Le 10 août, après une épouvantable nuit d'orage et de grêle, un givre dépouilla les arbres; les moissons, par suite des pluies estivales, étaient en partie pourries dans les champs. Arthur, grand amateur de chaleur, de soleil et d'air, souffrit beaucoup de ces troubles atmosphériques.

« Le premier jour, à son entrée en sa chambre, la plus belle de la maison préparée avec un soin naïf, il avait eu cette exclamation charmamment flatteuse: « C'est Versailles ici! » Tout de suite, là, ses malles avaient été défaites, ses bibelots disposés; ses besoins d'infirme et ses désirs de voyageur las avaient été prévus.

« Il essaya de se mettre à l'aise, de s'acclimater.

« L'insomnie des premières nuits, la fièvre et les souffrances corporelles furent attribuées à la fatigue du voyage; l'ennui, la solitude, le manque total de distractions se nommèrent calme, tranquillité. Il parlait peu de lui et des années passées en Orient, si ce n'est pour désirer repartir au plus tôt pour le Harrar, où, disait-il, « il faut absolument que je retourne ». A ce moment il se résignait presque à son amputation, faisait des projets en vue de pouvoir, malgré son membre absent, monter à cheval là-bas et continuer, pendant un certain temps encore, sa vie active.

« Il se fit prendre mesure d'une jambe artificielle soigneusement articulée; celle achetée à Marseille étant, par lui, jugée insuffisante. Il béquillait peu; l'aisselle droite lui faisant trop mal. Le moignon, en apparence guéri, ne supportait non plus sans douleur très sensible la jambe de bois. Cependant, comme rester en place et à la maison lui était extrêmement désagréable, il sortait beaucoup en voiture découverte. Chaque jour, malgré la fatigue et malgré le mauvais temps, on passait l'après-midi à se promener. Il aimait à être conduit aux endroits où se portait la foule en beaux atours, les jours de fêtes et les dimanches; et, sans s'y mêler, il prenait plaisir à observer les mouvements et les gestes des gens, ainsi que les changements opérés dans leurs mœurs depuis dix ans.

« Il n'avait pas abandonné ses desseins matrimoniaux ; au contraire. Le malheur récent avait plutôt irrité en lui le désir de se créer une famille. Mais, à présent, il ne « s'exposerait pas au dédain d'une fille de bourgeois ; il irait chercher, dans un orphelinat, une fille d'antécédents et d'éducation irréprochables, ou bien il épouserait une femme catholique de race noble abyssine ».

« S'il parlait rarement de lui, en revanche il détaillait volontiers les habitudes et les faits d'Abyssinie et d'Aden. En peu de mots il expliquait beaucoup, de façon précise et charmante. Parfois il plaisantait, tournant en ridicule tout : le passé, le présent, l'avenir, les objets qui l'entouraient, les gens qu'il connaissait et lui-même ; et, de son lit, il avait alors le pouvoir de faire rire aux larmes son auditoire.

« Cependant, au lieu de s'améliorer, son état de santé empirait. Le sommeil n'était pas revenu ; les douleurs, attribuées à tort à l'humidité régnante, augmentaient et le torturaient sans trêve. Le médecin constata que le fémur tranché, augmentait de volume. La souffrance à l'aisselle devenait intolérable et, symptôme alarmant, le bras droit rigide. Un ennui mortel, insurmontable, envahissait le malade. Il devenait irritable. Roche, surnommé *Terre-des-Loups*, lui faisait horreur. Les promenades, en la voiture trop lentement menée et cahotante, le suppliciaient. L'impossibilité de béquiller, l'aisselle étant trop malade, le contraignait à une immobilité insupportable.

« Il voulut absolument recouvrer le sommeil. L'effet des potions ordonnées étant presque nul, un simple remède de bonne femme fut essayé, qui ne réussit relativement que trop bien : il but des tisanes de pavots et vécut plusieurs jours dans un rêve réel très étrange. La sensibilité cérébrale ou nerveuse étant surexcitée, en l'état de veille les effets opiacés du pavot se continuèrent, procurant au malade des sensations atténuées presque agréables, extralucidant sa mémoire, provoquant chez lui l'impérieux besoin de confidence. Portes et volets hermétiquement clos, toutes lumières, lampes et cierges allumés, au son doux et entretenu d'un très petit orgue de barbarie, il repassait sa vie, évoquait ses souvenirs d'enfance, développait ses pensées intimes, exposait plans d'avenir et projets. Ainsi l'on sut que là-bas, au Harrar, il avait appris la possibilité de réussir en France dans la Littérature; mais qu'il se félicitait de n'avoir pas continué l'œuvre de jeunesse, parce que « c'était mal ». Alors aussi, aux moments de vue dans l'avenir, il commença à désigner ses légataires préférés. Sa voix attendrie, un peu lente, prenait des accents de pénétrante beauté; il entremêlait souvent à son langage des locutions de style oriental et même des expressions empruntées aux langues étrangères d'Occident; le tout très compréhensible et clair, et prenant dans sa bouche un charme singulièrement exquis.

« Au bout de quelques jours, l'intoxication se poursuivant, les hallucinations commencèrent. La mémoire eut d'étranges faiblesses, cependant que le corps débilité expulsait d'abondantes et continuelles sueurs et qu'après chaque repas, si réduit qu'il fût, se produisaient des congestions partielles. Une nuit, se figurant ingambe et cherchant à saisir quelque vision imaginaire apparue, puis enfuie, réfugiée peut-être en un angle de la chambre, il voulut, seul, descendre de son lit et poursuivre l'illusion. On accourut au bruit de la chute lourde de son grand corps : il était étendu complètement nu sur le tapis.

« Relevé, point blessé d'ailleurs, la secousse ressentie en tombant produisit immédiatement effet. Désormais lucide et sans exaltation, il renonça à endormir ses souffrances physiques, puisque le soulagement obtenu modifiait son état moral au point que lui, Arthur Rimbaud, avait pu faire d'intimes confidences. Il se désola : ainsi, ce ne lui était même possible d'user d'un remède efficace ; il était condamné à souffrir !

« Les douleurs revinrent plus vives et l'ennui plus accablant. Il essaya encore de dompter la maladie, se fit appliquer toute la thérapeutique possible : remèdes internes et externes ; potions réactives et préventives, frictions, onctions, massages. Mais c'était le torturer sans utilité : les remèdes, digérés, lui aigrissaient l'estomac, tandis que les frictions aiguisaient son mal en irritant horriblement nerfs, muscles, os. Le bras droit mourut littéralement, sans, pour cela, cesser de faire souffrir le pauvre Arthur. L'appétit se perdit presque complètement. Les douleurs se généralisèrent.

« L'état moral se ressentait naturellement de l'effondrement physique. Ce furent des crises de désespoir, de larmes, une colère nerveuse à laquelle succédaient, sans transition, des attendrissements angéliques et des caresses. Il était possédé de la crainte affreuse de devenir et de rester paralysé — l'immobilité forcée dans l'avenir ! — autant que du désir intense de guérir, à tout prix. Tout, des mois, des années de traitement barbare et de drogues infectes, tout, il eût tout subi avec joie, pourvu que l'usage de ses bras et de sa jambe lui fût rendu et conservé !

« Puis, l'idée fixe de retourner au Harrar « au moins pour quelque temps » le hantant, d'autant plus fortement que, de jour en jour, se montrait l'impossibilité d'entreprendre un long voyage, il résolut de partir pour Marseille « où, du moins, il aurait du soleil et de la chaleur et se ferait soigner à la Conception par le chirurgien qui l'avait opéré ». Enfin, de là, il serait « à portée de se faire embarquer pour Aden, au premier mieux senti. »

« Le 23 août 1891, un mois juste après son arrivée, il repartait.

« Le voyage s'augura mal. Très ému, Arthur réclamait, dès 3 heures du matin, qu'on l'habillât et le conduisît à la gare, distante d'environ trois kilomètres. Le train passait à 6 heures et demie. Mais les domestiques n'en finissent pas d'atteler à la voiture qui doit le conduire au chemin de fer. En route, le cheval, dérangé probablement trop matin, refuse de marcher : et point de fouet pour l'activer ! Arthur ôte sa ceinture de cuir afin d'exciter le maudit animal : peine perdue ! Le train est parti depuis deux minutes, quand on atteint la station... Que faire ? L'usage de la voiture était devenu extrêmement pénible au malade ; et voilà qu'à cause d'un retard de cinq minutes, il faudra reparcourir deux fois encore les trois ou quatre kilomètres séparant le village de la gare !

« Il était très sombre. Découragé, il hésita un moment, préférant presque attendre là, en cette gare, le prochain train, plutôt que d'affronter le supplice du véhicule. Mais le froid brouillard matinal le faisait grelotter ; et il se décida à rebrousser chemin vers la maison.

« Le second train partait à midi 40 minutes. A 9 heures et demie, il se réveille en sursaut et ordonne le départ tout de suite. C'était deux heures trop tôt. Par un suprême effort, il s'habille seul, presque entièrement. Très excité, il veut partir à tout prix, vite, vite ! Il refuse de prendre aucun aliment ; il n'a qu'une idée : partir ! La voiture est amenée. On va l'y transporter. Alors son excitation tombe tout d'un coup. Il promène ses regards autour de lui et pleure : « O mon Dieu ! dit-il à travers ses larmes, ne trouverai-je pas une pierre pour appuyer ma tête, une demeure pour y mourir ? Ah ! j'aimerais mieux ne pas m'en aller ! Je voudrais revoir ici tous mes amis et leur distribuer, ainsi qu'à vous, ce que je possède ! »

« Rien ne saurait rendre l'accent de ses paroles. C'était le désespoir d'un être supérieur pleurant ses amis et sa vie; c'était la résignation d'un martyr à la mort. Il nous tenait contre son cœur, dans ses pauvres bras; il sanglotait. Nous lui disions : « Reste, veux-tu ? on te soignera bien, on ne te quittera plus jamais. » Mais les pas lourds des domestiques, qui viennent pour le porter, se font entendre : « Non, répond-t-il en refoulant ses larmes : il faut essayer de guérir. »

« On part. Et, cette fois, c'est deux heures de pénible attente qu'il faut subir à la gare. Il prend quelques gouttes d'élixir bromuré, breuvage nauséabond destiné à calmer tant soit peu l'agitation fébrile. En buvant, pur, un remède qui, fort étendu d'eau, est encore détestable au goût, ses yeux tombent sur les deux domestiques occupés à suivre ses mouvements d'un air d'ardente convoitise : les imbéciles s'imaginent, sans doute, qu'il vient d'absorber une liqueur délicieuse. Leur méprise éveille en Arthur un reflet de ses caustiques gaîtés d'autrefois. Il nous communique sa réflexion ; en même temps qu'une saillie d'esprit bien à lui s'échappe au sujet du parterre en miniature entretenu par le chef de gare (quelques pieds de reines-marguerites attristées autour d'un dahlia maigre, le tout cerné d'une rondelle de sable sous le marronnier qui nous ombrage).

« Coup de sifflet. Voici le train. Arthur, dans son fauteuil, est transporté puis hissé dans le wagon, hélas ! non sans souffrance. Péniblement, il s'installe sur les coussins.

« La trépidation du train lui est cruelle. Il pleure. Oh! ce moignon, quel bourreau. Il le tient à deux mains : « Que je souffre, que je souffre ! » répète-t-il. Les oreillers et les coussins sont empilés sur la banquette de face. Il essaie de s'y appuyer, de se mettre debout, de s'asseoir. Mais aucune position ne lui est favorable : le dos, les reins, les épaules, les bras, surtout l'épaule et l'aisselle droites, et le moignon sont autant de foyers atrocement douloureux. Il s'affaisse, brisé par l'effort. « Je croyais, dit-il, prendre intérêt au voyage et m'y distraire un peu ; mais je vois que c'est fini, je n'aurai plus aucun plaisir, je suis trop mal. »

« Amagne. Changement de train, et 20 minutes d'arrêt.

« A la requête formulée, les employés s'empressent de descendre Arthur. On le mène, en fauteuil roulant, dans la salle d'attente grande ouverte.

« Quand, le mois d'avant il était arrivé ici, le transbordement avait été moins pénible qu'aujourd'hui et il avait alors l'espoir d'un mieux à venir... Il compare avec tristesse le voyage passé avec le présent, et il constate combien il s'est affaibli. De grosses larmes roulent sur ses joues couvertes d'une rougeur inquiétante. Il se plaint ; mais sans égoïsme ni monotonie. Au contraire. Il s'enquiert avec bonté, des besoins présumés de qui l'accompagne, et exige, avec douceur, qu'on ne se prive de rien pour le servir.

« Enfin, les voyageurs sont appelés en voiture. Le chef de gare, très complaisant, fait monter Arthur. Mais, malgré ses « Prenez garde! » et nos « Allez bien doucement! » malgré les précautions évidentes des porteurs, des exclamations douloureuses s'échappent de ses lèvres. Quel martyre! et en quel état va-t-il arriver à Paris?

« Il est assis sur le coussin rouge; il a fait mettre sa valise contre lui et il s'y appuie du bras droit; le burnous et la couverture atténuent un peu la dureté du soutien au membre malade; du coude gauche il se soulève sur le bord de la fenêtre-portière. De cette façon, le tressautement est moins rude pour son pauvre moignon; mais quelle fatigue que la sienne!

« Assurément, dit-il, on sera obligé de couper le reste de cette maudite jambe; bien sûr, quelque chose de malade est resté là; je souffre trop. » La surface est absolument saine cependant; peut-être ne s'agit-il que de névralgies et de rhumatismes? L'extraordinaire sensibilité du membre amputé n'est-il pas un effet nerveux de son état maladif? Le désir de guérir le convainc davantage que les meilleures suppositions ; et, brisé de fatigue, il se laisse aller à une somnolente torpeur.

« Il dort ; mais de quel sommeil ! Ses yeux sont ouverts, sa bouche garde une expression d'indicible souffrance ; la fièvre creuse ses joues et les sème de taches ardentes ; ses longues mains, exsangues et maigres, s'abandonnent, inertes, aux cahots du train. Il a l'air bien malade.

« D'abord, nous étions seuls dans le compartiment. Aux stations, des voyageurs ouvraient la portière avec l'intention de monter mais, à la vue du cher malade, ils se retiraient allant chercher ailleurs plus gaie compagnie. A la fin, montèrent de jeunes mariés ; puis un ménage, avec de petits enfants. On entrait de notre côté ; et, chaque fois, les voyageurs s'étonnaient aux « Prenez garde à lui, ne le touchez pas, ne le blessez pas ! » Et l'on se serrait, on se gênait pour lui laisser un peu plus de place. Lui se réveillait et regardait les gens avec des yeux étrangement brillants, mais d'un air si indifférent et si las ! Puis, tout aussitôt, il retombait dans sa torpeur douloureuse.

« Les jeunes mariés se parlent avec animation et gaîté; les enfants jouent et rient, leurs parents engagent des conversations. Les villes et les villages se succèdent; les vignes, les moissons, les meules nouvelles passent rapidement. Partout, c'est la trêve du dimanche : dans les gares, sur les routes, par les sentiers, sur la campagne, il y a des groupes vivants, joyeux, bruyants. Tout ce monde est en habits de fête et étincelle, pour ainsi dire, sous le soleil d'août.

« Meaux et les petites stations des environs de Paris. L'animation redouble et les tableaux de vie se succèdent vertigineusement, le long du chemin. Les innombrables villas sont en liesse. Des jardins et des fenêtres ouvertes s'échappent des fusées de rire, des chants, des cris de joie, de la musique. Sur un fleuve, une multitude de canots fuient, ou glissent doucement; des petites voiles blanches se mirent dans l'eau; les toilettes claires et jolies sont partout; la foule se promène, heureuse.

« Il y a une fête dans la banlieue de Paris. On s'y presse; on y vole. C'est la vie tout cela! Et lui, Arthur, le voyageur infatigable et curieux, reste insensible à force de souffrir, est immobile dans ce coin étouffant de wagon.

« Paris. Il est environ six heures et demie du soir. Le soleil a disparu, le ciel se charge. L'engourdissement résultant de la fatigue a atténué l'angoisse et le supplice de la descente du train.

« Hésitation. Peut-être serait-on plus efficacement soigné ici qu'à Marseille ? Et puis... c'est Paris ; et, après tant d'années d'existence presque sauvage, c'est à Paris qu'il conviendrait de contempler le monde civilisé... En tout cas, on y couchera, à Paris ; et on réfléchira pendant la nuit.

« Mais, au cours du trajet de la gare de l'Est à l'hôtel, la pluie s'étant mise à tomber et le fiacre secouant horriblement, Arthur renonça à séjourner en ce Paris ; et, changeant l'itinéraire, il commanda au cocher de le conduire sur le champ à la gare de P.-L.-M.

« Il n'y avait, ce dimanche-là, presque personne sur les boulevards, ni dans les rues. Les pavés luisaient sous la pluie, et les gouttières bruissaient tristement. Les magasins étaient fermés. C'était lugubre. Arthur, quoique accablé, regardait fiévreusement à travers la vitre.

« Effondré lamentablement sur des sièges de velours, à P.-L.-M. il attendait impatiemment le départ de l'express vers Marseille. A jeun depuis le matin, il essaya de prendre quelque nourriture ; mais tout lui répugnait. Il dut s'abstenir. L'énervement et la fièvre excitaient son cerveau jusqu'au délire. Il eut un instant d'extraordinaire et navrante gaîté, occasionnée par la vue de l'uniforme d'un officier. Il envoya chercher une potion soporifique.

« Comme aux moments d'exaltation fébrile succédaient de profondes prostrations, ce fut un corps presque inerte que les employés, au moment du départ vers 11 heures du soir, transportèrent le plus doucement possible au coupé-lit réservé où, tout de son long, fut étendu l'infortuné voyageur.

« Nous avions espéré que le moelleux relatif du coupé-lit atténuerait, pour le malade, la trépidation du train et qu'il pourrait reposer, tant par l'effet du narcotique absorbé que par celui des fatigues de la journée. Il n'en fut rien. Le chagrin, le jeûne, la faiblesse, la souffrance allumèrent en lui une fièvre intense ; le délire s'affirma, et, pendant cette affreuse nuit où l'express emportait Arthur Rimbaud vers Marseille, agenouillée et recroquevillée dans l'espace exigu situé entre le lit et la paroi du coupé, nous assistâmes au plus effroyable paroxysme de désespoir et de torture physique qui se puisse imaginer.

« Le matin, quand, à Lyon, le soleil levant fit resplendir les étoiles dorées du pont sur le Rhône, le voyageur épuisé, s'assoupissant dans une sorte d'anéantissement comateux, oublia, durant quelques heures, la triste réalité. Mais des rêves affreux peuplaient son sommeil. Bientôt, des cauchemars le réveillèrent baigné de sueur et divaguant. Le pauvre corps, endolori, martyrisé, essayait en vain de se mouvoir sur son étroite couche : l'ankylose s'accentuait.

« La chaleur méridionale se faisait sentir. On étouffait entre les cloisons capitonnées. Le coupé était une infernale prison d'où il n'y avait aucun moyen de s'évader...

« Arles. La Camargue. Marseille.

« Vers le soir, à la descente du train, Arthur fut transporté à la Conception, où il se fit inscrire sous le nom de *Jean Rimbaud.*

« Pendant les presque trois mois qui suivirent, quelle effroyable torture il endura !

« Etrange et cruelle maladie.

« Vint le combat acharné entre l'être qui *veut* vivre et la mort qui l'envahit. Le tronc vécut tandis que les membres un à un s'anéantirent : le bras droit décharné et livide avec les mouvements automatiques qu'on peut exiger d'un cadavre, d'abord ; ensuite, le bras gauche ; puis, la jambe gauche. Et le moignon lui-même devint insensible et blême. Tout cela pendant que le cœur et la tête brûlaient ; pendant que, la mort rongeant le corps peu à peu avec d'abominables douleurs de moelle et de nerfs, la volonté se débattait de plus en plus contre la catastrophe finale.

« Le premier mois de ce retour à l'hôpital, une thérapeutique aussi maladroite que compliquée irrite davantage la maladie.

« Pendant la seconde période, la curiosité impuissante des médecins est pour le malade une source de colère et d'indignation.

« Enfin l'abandon des docteurs, qui renoncent à le venir visiter, tant est poignante l'impression laissée par ce moribond que rien ne pourra sauver, et la cessation de toute médication l'attriste, l'exaspère, l'affole.

« Rien ne peut rendre le désespoir qui s'empare d'Arthur : il adjure ciel et terre de lui rendre ses membres, il pleure nuit et jour sans cesser.

« Fin octobre, des symptômes de mort prochaine apparaissent.

« A ce moment-là, une transformation s'opère subitement en lui. Au milieu des plus atroces souffrances physiques, une singulière sérénité descend en lui. Il se résigne. Alors ce n'est plus un être humain, un malade, un moribond; c'est un saint, un martyr, un élu. Il s'immatérialise. Quelque chose de miraculeux et de solennel flotte autour de lui. Il formule des invocations sublimes au Christ, à la Vierge. Il fait des vœux, des promesses : « si Dieu lui prête vie ». — L'aumônier se retire d'auprès de lui, étonné et édifié d'une telle foi. — Jusqu'à la mort il reste surhumainement bon et charitable. Il recommande les missionnaires du Harrar, les pauvres, ses serviteurs de là-bas. Il distribue son avoir : ceci à un tel, cela à un autre : « si Dieu veut que je meure ». Il demande qu'on prie pour lui et répète à chaque instant : « Allah Kérim ! Allah Kérim ! »

« Par moments, il est voyant : il prophétise. Son ouïe a acquis une étrange acuité. Sans perdre un instant connaissance (j'en suis certaine), il revit tout son passé douloureux. Puis il a de merveilleuses visions. Il voit des colonnes d'améthyste, des anges marbre et bois, des végétations et des paysages d'une beauté inconnue ; et il emploie, pour dépeindre ces sensations, des expressions d'un charme pénétrant et bizarre... »

Quelques semaines après la mort de son frère, Isabelle Rimbaud tressaillit d'émotion en lisant, pour la première fois, les *Illuminations*. Elle venait de reconnaître, entre ces musiques de rêve et les sensations éprouvées et exprimées dans l'agonie, une frappante similitude.

C'est le 10 novembre 1891 qu'Arthur Rimbaud, en l'hôpital de la Conception (1), rendit le dernier soupir.

---

(1) Nous avons pu, — passant outre à la mauvaise volonté marquée par le directeur de cet hôpital, à qui nous adressâmes respectueusement, à bon droit et à juste titre, pour l'obtenir — nous procurer l'extrait du registre des décès concernant Rimbaud :

« RIMBAUD (Jean-Nicolas), 37 ans, négociant, né à Charle-
« ville, de passage à Marseille, décédé le 10 novembre 1891, à
« dix heures du matin. — Diagnostic : « *Carimose généralisée* ».

Cet enregistrement a d'ailleurs été effectué fort à la légère, puisque Jean-Nicolas-Arthur Rimbaud est mort, non à dix heures du matin, mais à deux heures de l'après-midi.

Par les soins de sa sœur Isabelle, ses restes furent, de Marseille, transportés et inhumés, en grande pompe catholique, au cimetière de Charleville où, auprès de ceux de Vitalie Rimbaud, ils reposent, sous un bourgeois et trop joli monument de marbre blanc.

X

Et voilà l'homme, et quelle fut sa vie.

Epiloguer nous semblerait outrageant envers le drame si beau de cette passion surhumaine. Aussi, simplement, à répétition et en manière de conclusion, résumerons-nous, pour ainsi parler, en un schème les faits.

Jean-Arthur Rimbaud, mort à 37 ans, parcourut, avec volonté, le petit espace de son existence, miraculeusement. Après avoir été, à 16 ans, un grand poète et un rénovant littéraire, suscitateur du génie de Verlaine et de la floraison des lettres improprement dites symbolistes et décadentes; après avoir, libre et bon, voyant précis, doux héros, saint irritable, dépensé en activité, au fur et à mesure, son acquis trésor incomparable de science et de sapience; après avoir, prophète natif, empereur occulte, dieu évident, assuré, en noblesse, les destinées éthiques de peuples encore dans la bestialité, il allait revenir parmi nous, pour confier à l'étonnement de ceux que plus rien n'étonne les beautés neuves et les synthèses définitives de son tout-puissant esprit entré en maturité par un développement autonome, d'un individualisme unique en largeur comme en hauteur.

Mais, comme a dit, parlant de lui, le ras Makonnen: « Dieu rappelle à lui ceux que la terre n'est pas digne de porter ».

Est-ce à inférer que nous ne méritions pas,

nous Français, le pardon des offenses dont, à Paris, Rimbaud, par telles gens compatriotiques qu'on sait, avait été inconsidérément abreuvé ?

Il faut le croire.

Car, outre que le destin interdit que ses confidences psychiques nous advinssent à souhait, la mort dicta que son actif de fortune sonnant ou à réaliser, demeurerait, celui-ci, retournerait, celui-là, en Abyssinie; où ses serviteurs et ses abbans, ses collaborateurs et ses vice-rois, blancs ou noirs, le pleuraient vraiment, le pleurent encore.

N'est-ce pas qu'elles font avec pitié rire, à présent, ces légendes de langueur perverse et native répandues, avec une complaisance voulant être égrillarde, sur le caractère d'Arthur Rimbaud qui, on l'a noté en son lieu, fut, en Aden, vu l'époux attentif d'une abyssine éduquée par ses soins, intellectuellement et moralement, selon son sexe ?

Et le « crapaud congrûment pustuleux », dont M. Remy de Gourmont, un esprit haut cependant et de pénétration heureuse en général, symbolisa le poète du *Bateau Ivre*, que devient-il, s'il n'est s'accroupissant encore sous le masque de son imaginateur, lequel, comme on sait, fut un *assis* de bibliothèque publique ?

FIN

TABLE

 Pages

AVANT-PROPOS 5

LA VIE DE JEAN-ARTHUR RIMBAUD

PREMIÈRE PARTIE 21
DEUXIÈME PARTIE 91
TROISIÈME PARTIE 139
QUATRIÈME PARTIE 179

ACHEVÉ D'IMPRIMER

le dix novembre mil huit cent quatre-vingt-dix-sept

PAR

L'IMPRIMERIE Vᵛᵉ ALBOUY

POUR LE

MERCVRE

DE

FRANCE

ÉDITIONS DU MERCURE DE FRANCE

Extrait du Catalogue

Collection grand in-18, à 3 fr. 50

Pierre d'Aiheim
Moussorgski . . . . 1 vol.
Sur les Pointes . . . . 1 vol.

Henry Bataille
Ton Sang, précédé de *La Lépreuse* 1 vol.

Marcel Batilliat
Chair mystique, roman . . . . . 1 vol.

Paterne Berrichon
La Vie de Jean-Arthur Rimbaud . 1 vol.

Léon Bloy
La Femme pauvre, roman . . . . . 1 vol.

Gaston Danville
Les Reflets du Miroir, roman. Préface de BJŒRNSTJERNE BJŒRNSON. 1 vol.

Edouard Ducoté
Aventures . . . . 1 vol.

Edouard Dujardin
Les Lauriers sont coupés, précédé de *Hantises* et de *Trois Poèmes en prose* . . . . 1 vol.

Louis Dumur
Pauline ou la liberté de l'amour . 1 vol.

Georges Eekhoud
Le Cycle Patibulaire . . . . . . 1 vol.
Mes Communions . . . . 1 vol.

André Fontainas
Crépuscules . . . . 1 vol.

Paul Fort
Ballades Françaises, préface de PIERRE LOUYS . . . . 1 vol.

André Gide
Le Voyage d'Urien, suivi de *Paludes* 1 vol.
Les Nourritures terrestres . . . 1 vol.

Remy de Gourmont
Le Pèlerin du Silence, orné d'un frontispice d'ARMAND SEGUIN. . . 1 vol.
Le Livre des Masques. Portraits symbolistes. Les Masques, au nombre de trente, par F. VALLOTTON . . . . 1 vol.
Les Chevaux de Diomède, roman. . 1 vol.
D'un Pays lointain. . . . . . . 1 vol.

Gerhart Hauptmann
La Cloche engloutie, trad. de l'allemand par A.-FERDINAND HÉROLD. 1 vol.

A.-Ferdinand Herold
Images tendres et merveilleuses 1 vol.

Alfred Jarry
Les Jours et les Nuits, roman d'un Déserteur . . . . 1 vol.

Virgile Josz et Louis Dumur
Rembrandt . . . . 1 vol.

Gustave Kahn
Premiers Poèmes . . . . 1 vol.
Le Livre d'Images . . . . 1 vol.

A. Lacoin de Villemorin et Dr Khalil-Khan
Le Jardin des Délices . . . . . 1 vol.

Pierre Louys
Aphrodite, roman . . . . 1 vol.
Les Chansons de Bilitis, roman lyrique . . . . 1 vol.

Emerich Madach
La Tragédie de l'Homme, traduit du hongrois par CH. DE BIGAULT DE CASANOVE. . . . . 1 vol.

Maurice Maeterlinck
Le Trésor des Humbles . . . . . 1 vol.
Aglavaine et Sélysette . . . . . 1 vol.

Stuart Merrill
Poèmes, 1887-1897 . . . . 1 vol.

Pierre Quillard
La Lyre héroïque et dolente . . 1 vol.

Rachilde
Les hors nature, roman . . . . . 1 vol.

Hugues Rebell
La Nichina, roman . . . . 1 vol.

Henri de Régnier
Poèmes, 1887-1892 . . . . 1 vol.
Les Jeux rustiques et divins . . 1 vol.
La Canne de Jaspe, contes . . . 1 vol.

Jehan Rictus
Les Soliloques du Pauvre . . . . 1 vol.

Albert Samain
Au Jardin de l'Infante, augmenté de plusieurs poèmes . . . . . . 1 vol.

Marcel Schwob
Spicilège . . . . 1 vol.

Jean de Tinan
Penses-tu réussir ! roman . . . 1 vol.

Marcelle Tinayre
Avant l'Amour, roman . . . . . . 1 vol.

Emile Verhaeren
Poèmes . . . . 1 vol.
Poèmes, nouvelle série . . . . . 1 vol.

Francis Vielé-Griffin
Poèmes et Poésies . . . . 1 vol.
La Clarté de Vie . . . . 1 vol.

E. Vigié-Lecocq
La Poésie contemporaine, 1884-1896 1 vol.

Formats, tirages, grands papiers : au CATALOGUE COMPLET des

ÉDITIONS DV MERCVRE DE FRANCE
Extrait du Catalogue

Collection grand in-18, à 2 fr.

Gunnar Heiberg
Le Balcon, trad. et préface du Comte M. PROZOR . . . . 1 vol.

Collection grand in-18, à 1 fr.

Marcel Collière
Les Syracusaines, scènes de la vie alexandrine, d'après THÉOCRITE et SOPHRON . . . . 1 vol.

Jules Delassus
Les Incubes et les Succubes . . . . 1 vol.

Comte M. Prozor
Le Peer Gynt d'Ibsen . . . . . . 1 vol.

Archag Tchobanian
L'Arménie, son Histoire, sa Littérature. Introduction d'ANATOLE FRANCE . . . . 1 vol.

Collection petit in-18, à 2 fr.

Léon Bloy
La Chevalière de la Mort . . . . . 1 vol.

Hugues Rebell
Le Magasin d'Auréoles . . . . . . 1 vol.

J.-H. Rosny
Les Xipéhuz . . . . 1 vol.

Formats et prix divers

Aghassi
Zeïtoun . . . . 3 fr. 50

G.-Albert Aurier
Œuvres Posthumes. Notice de REMY DE GOURMONT. Portrait de G.-Albert Aurier (eau-forte) par A.-M. LAUZET . . 12 fr. »

Henry Bataille
La Chambre blanche, poésies, Préface de MARCEL SCHWOB . . . 2 fr. »

Aloysius Bertrand
Gaspard de la Nuit . . . 3 fr. 50

Léon Bloy
Ici, on assassine les Grands Hommes, avec portrait et autographe d'ERNEST HELLO . . . . 1 fr. 50

Victor Charbonnel
Les Mystiques dans la Littérature présente (1re série) . . . 3 fr. 50

Eugène Demolder
Le Royaume authentique du Grand Saint Nicolas, couverture à l'aquarelle, frontispice et 30 croquis de FÉLICIEN ROPS, 5 dessins hors texte d'ETIENNE MORANNES . . . . 10 fr. »
La Légende d'Yperdamme, couverture et 9 dessins hors texte d'ETIENNE MORANNES, frontispice, dessin et 3 vignettes de FÉLICIEN ROPS . . . . 7 fr. 50
Sous la Robe. Couverture et 16 ornementations d'ETIENNE MORANNES . . . . 3 fr. 50

Lord Alfred Douglas
Poèmes, texte anglais et traduction française, avec le portrait de l'auteur en héliogravure . . . . 3 fr. 50

Louis Dumur
La Motte de Terre, 1 acte en prose. 2 fr. »
La Nébuleuse, 1 acte en prose . . 2 fr. »

Henri Ghéon
Chansons d'Aube . . . . 2 fr. »

André Gide
Les Cahiers d'André Walter . . . 6 fr. »
La Tentative amoureuse . . . . . 2 fr. »
Le Voyage d'Urien, orné de lithographies en couleurs par MAURICE DENIS . . . . 12 fr. »
Paludes . . . . 5 fr. »
Réflexions sur quelques points de Littérature et de Morale . . . . 2 fr. »
Feuilles de Route, 1895-1896 . . 2 fr. »

Remy de Gourmont
Le Latin mystique, 3me édition. Préface de J.-K. HUYSMANS. Couverture ornée d'un dessin de FILIGER . . . . 10 fr. »

Formats, tirages, grands papiers : au CATALOGUE COMPLET des Publications du « Mercure de France ». Envoi franco sur demande.

ÉDITIONS DV MERCVRE DE FRANCE
Extrait du Catalogue

Le Fantôme, 2me édition, orné de 2 lithographies de HENRY DE GROUX... 4 fr. »
Théodat... 2 fr. 50
L'Idéalisme, avec un dessin de FILIGER... 2 fr. 50
Fleurs de Jadis... 2 fr. 50
Histoires Magiques, 2me édition, avec une lithographie de HENRY DE GROUX... 3 fr. 50
Histoire tragique de la Princesse Phénissa... 2 fr. 50
Proses Moroses... 3 fr. »
Le Château singulier, orné de 32 vignettes en rouge et en bleu... 2 fr. 50
Phocas, avec une couverture et 3 vignettes par l'auteur... 2 fr. »
La Poésie populaire, avec un air noté et des images... 2 fr. »
Le Miracle de Théophile, de Rutebeuf; texte du XIIIe siècle, modernisé... 2 fr. »
Le Vieux Roi, tragédie nouvelle... 2 fr. 50

Charles Guérin
Le Sang des Crépuscules, poésies, avec un Prélude en musique de 32 pages par PERCY PITT... 5 fr. »
Sonnets et un Poème... 2 fr. »

A.-Ferdinand Herold
La Légende de Sainte Liberata, mystère... 2 fr. »
Paphnutius, comédie de HROTSVITHA, trad. du latin, orné de dessins de PAUL RANSON, K.-X. ROUSSEL et ALFONSE HEROLD... 2 fr. »
Le Livre de la Naissance, de la Vie et de la Mort de la Bienheureuse Vierge Marie, orné de 57 dessins de PAUL RANSON... 6 fr. »
L'Anneau de Çakuntalâ, comédie héroïque de KALIDASA... 3 fr. »

Francis Jammes
Un Jour, un acte en vers, suivi de poésies... 2 fr. »

Alfred Jarry
Les Minutes de Sable Mémorial, orné d'un frontispice et de gravures sur bois... 4 fr. »
César-Antechrist... 3 fr. »
Ubu Roi... 2 fr. »

Tristan Klingsor
Filles-Fleurs, poésies... 2 fr. »
Squelettes fleuris, poésies... 2 fr. »

André Lebey
Les Poésies de Sapphô... 2 fr. »
La Scène, 1 acte en prose... 2 fr. »
Le Cahier rose et noir, poésies... 4 fr. »
Chansons grises... 3 fr. 50

Maurice Le Blond
Essai sur le Naturisme... 2 fr. 50

Paul Leclercq
L'Étoile rouge... 2 fr. »

Sébastien Charles Leconte
L'Esprit qui passe... 6 fr. »
Le Bouclier d'Arès... 5 fr. »
Salamine... 1 fr. 50

Jean Lorrain
Contes pour lire à la Chandelle... 2 fr. »

Pierre Louys
Poésies de Méléagre (traduction)... 3 fr. »
Aphrodite, mœurs antiques. Vol. in-8 carré, tirage à petit nombre numéroté sur beau vélin... 10 fr. »
Léda, cahier gr. in-4º orné de 10 dessins de P.-ALBERT LAURENS... 10 fr. »
Les Chansons de Bilitis, roman lyrique. Vol. in-8 carré; tirage à petit nombre sur beau vélin... 10 fr. »

Maurice Maeterlinck
Alladine et Palomides, *Intérieur*, et *La Mort de Tintagiles*, trois petits drames pour marionnettes... 3 fr. 50

Camille Mauclair
Jules Laforgue, essai. Introduction de MAURICE MAETERLINCK... 2 fr. 50

Albert Mockel
Émile Verhaeren, avec une Note biographique par FRANCIS VIELÉ-GRIFFIN... 2 fr. »

Eugène Montfort
Sylvie ou les émois passionnés. Préface de SAINT-GEORGES DE BOUHÉLIER... 2 fr. 50

Alfred Mortier
La Vaine Aventure, poésies, couverture lithogr. en couleurs par GEORGES DE FEURE... 3 fr. »
La Fille d'Artaban, un acte... 2 fr. »

Gérard de Nerval
Les Chimères et les Cydalises, poésies. Préface de REMY DE GOURMONT. Portrait de Gérard de Nerval par F. VALLOTTON... 2 fr. 50

François Peyrey
Les Folles Navrances, préface de MARCEL PRÉVOST... 3 fr. »

Edmond Pilon
La Maison d'Exil... 2 fr. »

Formats, tirages, grands papiers : au CATALOGUE COMPLET des Publications du « Mercure de France ». Envoi franco sur demande.

ÉDITIONS DU MERCVRE DE FRANCE
Extrait du Catalogue

Georges Pioch
La Légende blasphémée . . . . . 2 fr. »
Toi . . . . 2 fr. »

Georges Polti
Les 36 Situations dramatiques . 3 fr. 50

Alfred Poussin
Versiculets . . . . 3 fr. »

Pierre Quillard
Les Lettres rustiques de Claudius Ælianus, Prénestin, traduites du grec, avec un Avant-propos et un Commentaire latin . . . . 2 fr. »

Rachilde
Le Démon de l'Absurde, 2me édition, Préface de MARCEL SCHWOB, portrait de l'auteur, reproduction autographique de 12 pages de manuscrit . . . . 3 fr. 50

Hugues Rebell
Baisers d'Ennemis, roman . . . 3 fr. 50
Chants de la Pluie et du Soleil . 3 fr. 50

Marcel Réja
La Vie héroïque, poèmes. Frontispice de HENRI MÉRAN . . . . 3 fr. 50

Henri de Régnier
Le Trèfle noir . . . . 2 fr. 50

Jules Renard
Le Vigneron dans sa Vigne . . . 2 fr. »

Pierre de Ronsard
Les Amours de Marie, édition précédée d'une Vie de Marie Dupin, par PIERRE LOUŸS . . . . 3 fr. 50

Saint-Georges de Bouhélier
L'Hiver en méditation ou les Passe-temps de Clarisse, suivi d'un opuscule sur Hugo, Richard Wagner, Zola et la Poésie nationale . . . . 6 fr. »

Saint-Pol-Roux
L'Ame noire du Prieur blanc . . 5 fr. »
Épilogue des Saisons Humaines . 3 fr. »
Les Reposoirs de la Procession, avec le portrait de l'auteur . . . 4 fr. »

Robert Scheffer
La Chanson de Néos, couverture en couleur de GRANIÉ . . . . . 1 vol.

Marcel Schwob
Mimes, 2me édition . . . . 3 fr. »
Annabella et Giovanni . . . . . . 1 fr. »
La Croisade des Enfants, couvert. lithog. en couleurs par MAURICE DELCOURT . . . . 3 fr. 50
Le Livre de Monelle . . . . 2 fr. »

Robert de Souza
Fumerolles . . . . 3 fr. »
Sources vers le Fleuve . . . . . . 3 fr. 50

Auguste Strindberg
Introduction à une Chimie unitaire (Première esquisse) . . . 1 fr. 50

Albert Thibaudet
Le Cygne rouge, mythe dramatique . . . . 3 fr. 50

Charles Vellay
Au lieu de vivre, poèmes . . . . . 2 fr. »

Francis Vielé-Griffin
Πάλαι, poèmes . . . . 2 fr. »
Laus Veneris, poème de A.-CH. SWINBURNE (traduction) . . . 2 fr. »

Divers
L'Almanach des Poètes pour 1896, orné de 25 dessins par AUGUSTE DONNAY . . . . 3 fr. 50
L'Almanach des Poètes pour 1897, orné de 66 dessins par ARMAND RASSENFOSSE . . . . 3 fr. 50

Fac-similé autographique

Alfred Jarry et Claude Terrasse
Ubu Roi, texte et musique . . . . 5 fr. »

Musique

Gabriel Fabre
Sonatines Sentimentales, quatre mélodies : 1° Chanson de Mélisande, de Maurice Maeterlinck, 2° Ronde, 3° Ballade, 4° Complainte, de Camille Mauclair. Couverture en couleur d'Alexandre Charpentier. Nouvelle édition . . . . 5 fr. »

Formats, tirages, grands papiers: au CATALOGUE COMPLET des Publications du « Mercure de France ». Envoi franco sur demande.

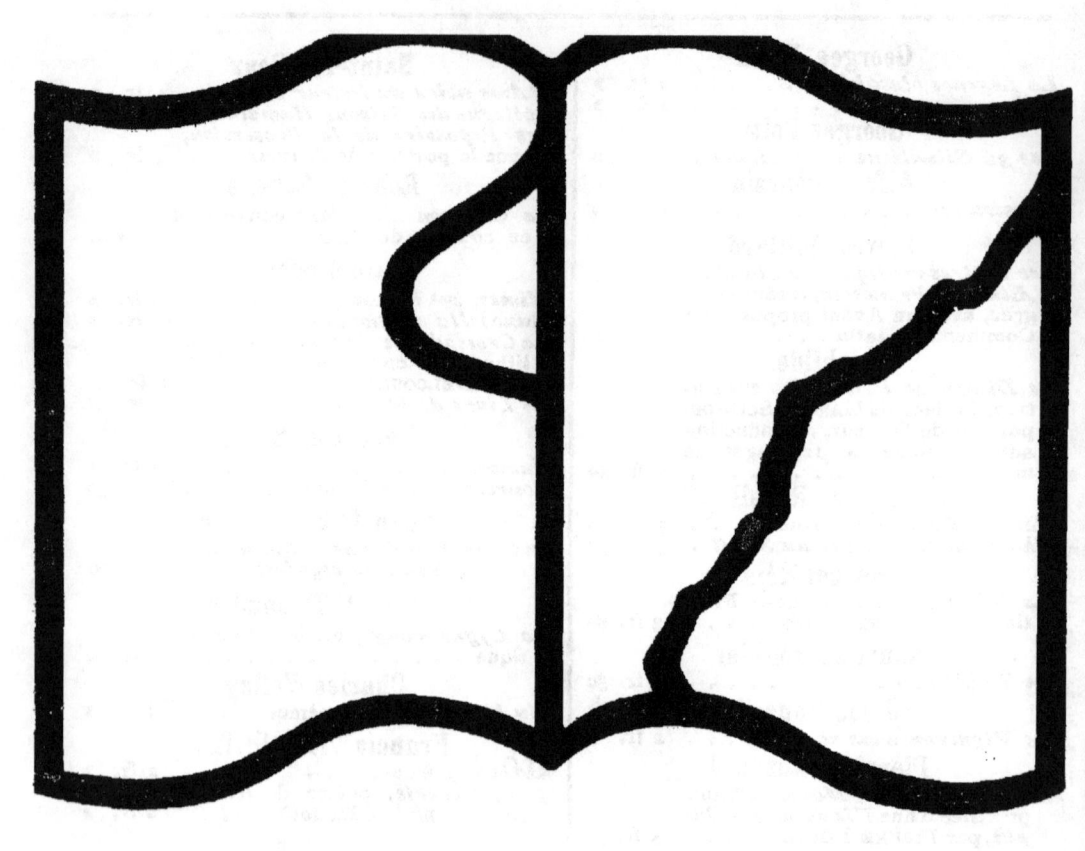

Texte détérioré — reliure défectueuse

NF Z 43-120-11